PILATES
para grávidas

JAN ENDACOTT

PILATES
para grávidas

Exercícios simples e seguros para antes e depois do parto

Manole

Jan Endacott vivenciou uma carreira bem-sucedida como bailarina profissional, antes de se tornar uma *personal trainer* especializada no treinamento físico de mulheres. Jan, mãe de dois filhos, é instrutora credenciada de Pilates, preparadora física e psicóloga especializada na área do esporte. Seus programas de exercício têm ajudado as mulheres a conquistarem suas metas de desempenho físico antes, durante e depois da gravidez.
É também autora de *The Fitball Workout*.

1ª edição na Grã-Bretanha em 2007 sob o título *Pilates for Pregnancy* pela Hamlyn, um selo da Octopus Publishing Group Ltd
2–4 Heron Quays, London E14 4JP
Copyright © Octopus Publishing Group 2007

Tradução: Dayse Batista
Revisão Científica: Fátima Caromano – Professora Doutora do curso de Fisioterapia da Universidade de São Paulo (USP)

Dados Internacionais de Catalogação na Publicação (CIP)
(Câmara Brasileira do Livro, SP, Brasil)

Endacott, Jan
    Pilates para grávidas: exercícios simples e seguros para antes e depois do parto / Jan Endacott; [tradução de Dayse Batista]. – Barueri, SP: Manole, 2007.

    Título original: Pilates for pregnancy
    ISBN: 978-85-204-2634-0

    1. Cuidado pós-natal 2. Cuidado pré-natal 3. Exercícios físicos para grávidas 4. Pilates (Método de exercícios físicos).

07-2407   CDD–618.244
Índices para catálogo sistemático:
1. Pilates para grávidas: Método de exercícios físicos: Promoção de saúde   618.244

Todos os direitos reservados.
Nenhuma parte deste livro poderá ser reproduzida, por qualquer processo, sem a permissão expressa dos editores.
É proibida a reprodução por xerox.

1ª edição brasileira – 2007
Direitos em língua portuguesa adquiridos pela:
Editora Manole Ltda.
Avenida Ceci, 672 – Tamboré
06460-120 – Barueri – SP – Brasil
Tel.: (11)4196-6000 – Fax: (11)4196-6021
www.manole.com.br
info@manole.com.br

Impresso na China
Printed and bound in China

NOTA DE ADVERTÊNCIA

É aconselhável realizar uma consulta com seu médico antes de iniciar qualquer programa de exercícios. O método de exercícios Pilates não deve ser visto como substituto para o tratamento médico profissional. Um médico deverá ser consultado sobre todas as questões relacionadas à saúde e particularmente em relação à gravidez e a quaisquer sintomas que possam exigir diagnóstico ou cuidados médicos. Embora as orientações e informações oferecidas neste livro sejam consideradas corretas e as instruções dadas aqui tenham sido criadas para evitar lesões, nem a autora nem o editor assumirão qualquer responsabilidade legal por danos sofridos pela prática dos exercícios apresentados aqui.

SUMÁRIO

INTRODUÇÃO 7

Seu corpo em transformação 10

Cuidados com a postura 14

Prática segura 20

Orientações gerais de treinamento 22

FUNDAMENTOS DO PILATES 25

Princípios do Pilates 26

Técnica de respiração 28

Relaxamento 30

O assoalho pélvico 31

Exercícios pélvicos 32

Estabilização da musculatura postural 34

Coluna neutra 36

Estabilização do ombro 38

Alongamento do pescoço 40

ESTÁGIO INICIAL DA GRAVIDEZ 43

Mudanças em seu corpo 44

Visão geral da sessão de exercícios para o estágio inicial da gravidez 46

Exercícios para o estágio inicial da gravidez 48

ESTÁGIO INTERMEDIÁRIO DA GRAVIDEZ 65

Mudanças em seu corpo 66

Visão geral da sessão de exercícios para o estágio intermediário da gravidez 68

Exercícios para o estágio intermediário da gravidez 70

ESTÁGIO FINAL DA GRAVIDEZ 87

Mudanças em seu corpo 88

Visão geral da sessão de exercícios para o estágio final da gravidez 90

Sessão alternativa 92

Exercícios para o estágio final da gravidez 94

APÓS O PARTO 109

Mudanças em seu corpo 110

Sessão de exercícios para o período pós-natal 114

Seis semanas após o parto 116

Exercícios para voltar à boa forma física 118

Mini-sessões 124

Índice remissivo 126

Agradecimentos 128

INTRODUÇÃO

INTRODUÇÃO

Parabéns por ler este livro! Sua leitura traz duas mensagens emocionantes. A primeira é que você está grávida e a segunda é que deseja manter-se em forma e saudável, antes e após o nascimento do seu bebê. O enfoque suave do método Pilates o torna uma escolha ideal de exercício ao longo de toda a gestação, pois ajudará a melhorar e manter seus níveis de desempenho físico sem esforços inapropriados.

A gravidez é um período fascinante, em que a forma e as necessidades do seu corpo mudam constantemente, à medida que a gestação avança. Como essas alterações geram novas e diferentes demandas sobre os seus músculos e articulações, é fundamental adaptar sua rotina de exercícios para adequar-se a estas mudanças.

O método Pilates é a forma ideal de exercício para trazer mais conforto à sua gravidez e ao parto, com foco na estabilidade da musculatura postural e do assoalho pélvico e no fortalecimento e alongamento suaves dos músculos. Ele melhora a concentração e lhe permite desenvolver um excepcional relacionamento com seu corpo ao exercitar-se – o que é especialmente importante durante a gestação. O método Pilates não apenas ajuda a melhorar sua força postural, mas também seu equilíbrio, coordenação e a qualidade de seus movimentos, sem sobrecarregar as articulações.

Com ênfase no desenvolvimento de uma boa postura, que pode ser facilmente prejudicada durante a gestação, o método Pilates a auxiliará a prevenir dores lombares, ombros caídos e tensão no pescoço. Sua gravidez é a oportunidade perfeita para fazer mudanças benéficas em sua vida, e este livro a ajudará a tirar o máximo proveito desse período tão especial.

BENEFÍCIOS DO MÉTODO PILATES DURANTE A GRAVIDEZ

- O método Pilates é um programa de exercícios extremamente seguros e eficazes que pode ser utilizado durante a gravidez. Ao concentrar-se nos músculos essenciais para a postura, você melhorará a estabilidade da musculatura postural e a resistência dos músculos do assoalho pélvico, o que a ajudará permanecer sem deformidades posturais e evitar dores lombares.

- A prática do método Pilates durante a gestação proporciona excelente força dos músculos abdominais, proporcionando maior apoio das vísceras abdominais e permitindo melhor mobilidade e estabilidade da coluna vertebral. A melhora resultante em sua postura gera mais espaço para o seu bebê.

- O método Pilates é respeitado e recomendado pelos médicos. Os exercícios de alongamento e fortalecimento, especialmente adaptados, auxiliarão no alívio das dores que com freqüência se associam às mudanças que estão ocorrendo em seu corpo.

- O método Pilates melhora a circulação. Todos os movimentos são iniciados a partir dos músculos abdominais, melhorando a circulação no abdome, o que é benéfico para seu bebê.

- O aumento no relaxamento e os efeitos calmantes oferecidos pelos exercícios do método Pilates durante a gravidez podem transferir alguns benefícios ímpares à saúde do seu bebê em desenvolvimento.

- Com seu enfoque cuidadosamente controlado, o método Pilates lhe permite desenvolver uma maior conscientização sobre o seu corpo. Você aprenderá a relaxar e respirar corretamente, preparando-se para o trabalho de parto e para o nascimento de seu filho.

- A prática regular dos exercícios do método Pilates durante e após a gestação promove uma boa recuperação do trabalho de parto e do parto propriamente dito, dando-lhe a base para readquirir suas formas anteriores com o programa pós-parto.

INTRODUÇÃO 9

SEU CORPO EM TRANSFORMAÇÃO

Nada é o bastante para prepará-la para as muitas e impressionantes mudanças de seu corpo em um período de tempo tão curto. Cada mulher vivencia a gravidez de um modo absolutamente diferente, mas as mudanças que ocorrem durante esses nove meses são ativadas por grandes alterações de origem hormonal. Entender as mudanças que estão acontecendo fará com que você se sinta mais tranqüila.

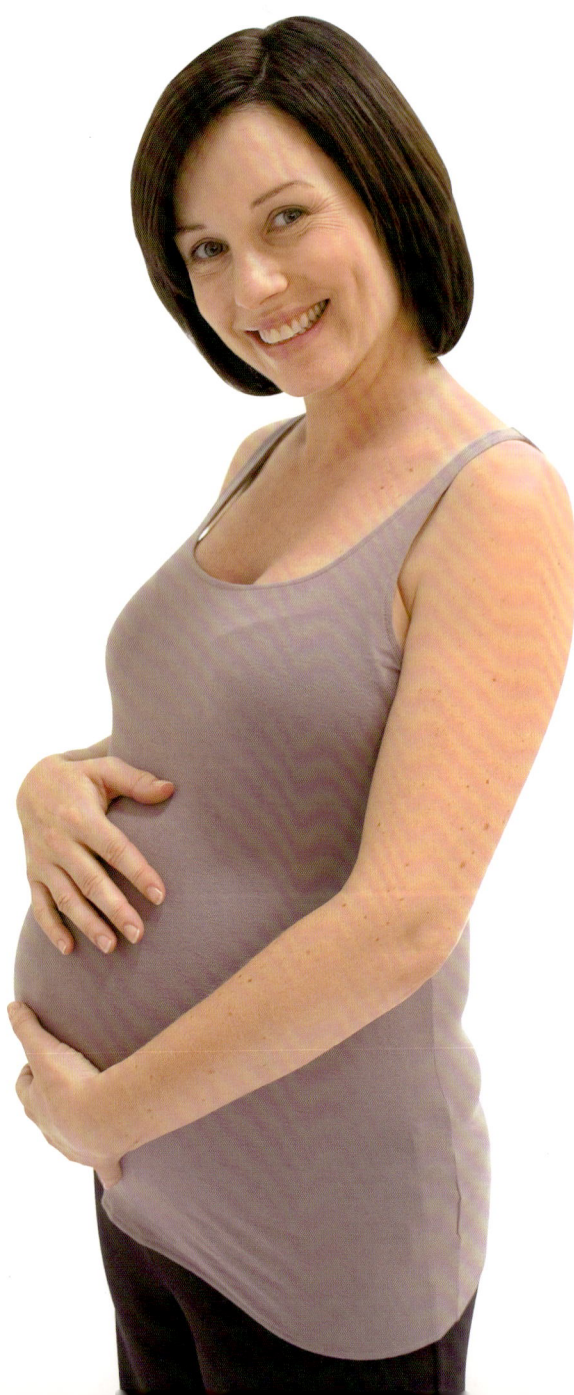

HORMÔNIOS

O estrogênio e a progesterona são os principais hormônios responsáveis pela criação das condições perfeitas para a gravidez e para o crescimento do seu bebê. Os níveis desses hormônios aumentam drasticamente, e seus músculos cedem para oferecer o ambiente ideal para o seu bebê.

Outro hormônio que se apresenta elevado é a relaxina, a qual proporciona maior mobilidade aos ligamentos que permitem a estabilidade das articulações. As articulações que conectam os ossos da pelve tornam-se mais frouxas e alongadas, preparando-a para o parto. Contudo, a estabilidade articular é reduzida. Portanto, é crucial manter um bom alinhamento e a postura correta. O método Pilates incentiva o controle muscular postural, que compensa os ligamentos enfraquecidos, ajudando a evitar os problemas comuns nas articulações e a tensão lombar.

Outros hormônios que têm sua produção aumentada são aqueles que melhoram o humor, conhecidos como endorfinas. Esses não apenas incrementam sua sensação de bem-estar, mas também passam seus efeitos positivos para o seu bebê, por meio da placenta. Se você chegar a sentir ansiedade ou estresse durante a gestação, o método Pilates também a ajudará a relaxar e respirar com mais eficiência, induzindo a calma e reduzindo de forma eficaz os níveis do hormônio do estresse (cortisol), que podem elevar-se nesse período (veja "Técnica de Respiração", p. 28, e "Relaxamento", p. 30).

AUMENTO DO VOLUME SANGÜÍNEO

Seu corpo em transformação precisa produzir mais sangue, e ao final da gestação seu volume sangüíneo aumenta em 30-40% e seu coração precisa trabalhar muito mais para bombear todo esse sangue por seu corpo, pela placenta e pelo corpo do bebê. Os exercícios do método Pilates apresentados neste livro não elevam em demasia sua freqüência cardíaca, uma vez que o esforço excessivo pode causar tonturas. A freqüência cardíaca do seu bebê é mais rápida que a sua, de modo que é crucial não acelerar excessivamente a freqüência cardíaca de ambos – mamãe e bebê.

CIRCULAÇÃO

Alterações hormonais também podem afetar as válvulas em suas veias que normalmente previnem o refluxo do sangue. Isso, às vezes, pode ocasionar veias varicosas e/ou hemorróidas. Seu ganho de peso e volume sangüíneo aumentado exacerbam essas condições. Os movimentos do método Pilates também ajudam a melhorar a circulação, especialmente nos membros inferiores.

RETENÇÃO HÍDRICA

Os níveis de fluido linfático, líquido amniótico e água para todos os tecidos do corpo aumentam durante a gestação. Exercícios regulares ajudam a prevenir o acúmulo hídrico decorrente de condições como retenção hídrica e inchaço (edema). A sensação de cansaço, dores de cabeça, letargia e dificuldade de concentração são causadas, com freqüência, pela deficiência na ingestão de água. Portanto, é essencial beber pelo menos oito copos de água por dia, e até 12 copos se você se exercita, para garantir uma boa hidratação.

SISTEMA DIGESTÓRIO

Um dos primeiros sintomas desagradáveis da gravidez pode ser a náusea, ou vômito, que geralmente diminui ou cessa completamente no meio do período da gravidez. Para reduzir a náusea, evite ficar de estômago vazio. Coma pequenas quantidades de alimentos com mais freqüência, evite fazer refeições copiosas próximo à hora de dormir e mantenha seu consumo de líquidos adequado para prevenir a desidratação. Durante a gravidez, o processo digestório torna-se mais lento, o que muitas vezes causa azia, indigestão ou constipação. Uma dieta equilibrada, rica em alimentos frescos, não-refinados e não-processados promoverá uma excelente saúde para você e seu bebê.

AUMENTO DAS MAMAS

No começo da gravidez suas mamas aumentam. Mamas mais pesadas acrescentam sobrecarga de peso à parte superior do corpo, estimulando o encurvamento dos ombros e uma postura relaxada. Os exercícios do método Pilates

OS TRÊS ESTÁGIOS DA GRAVIDEZ

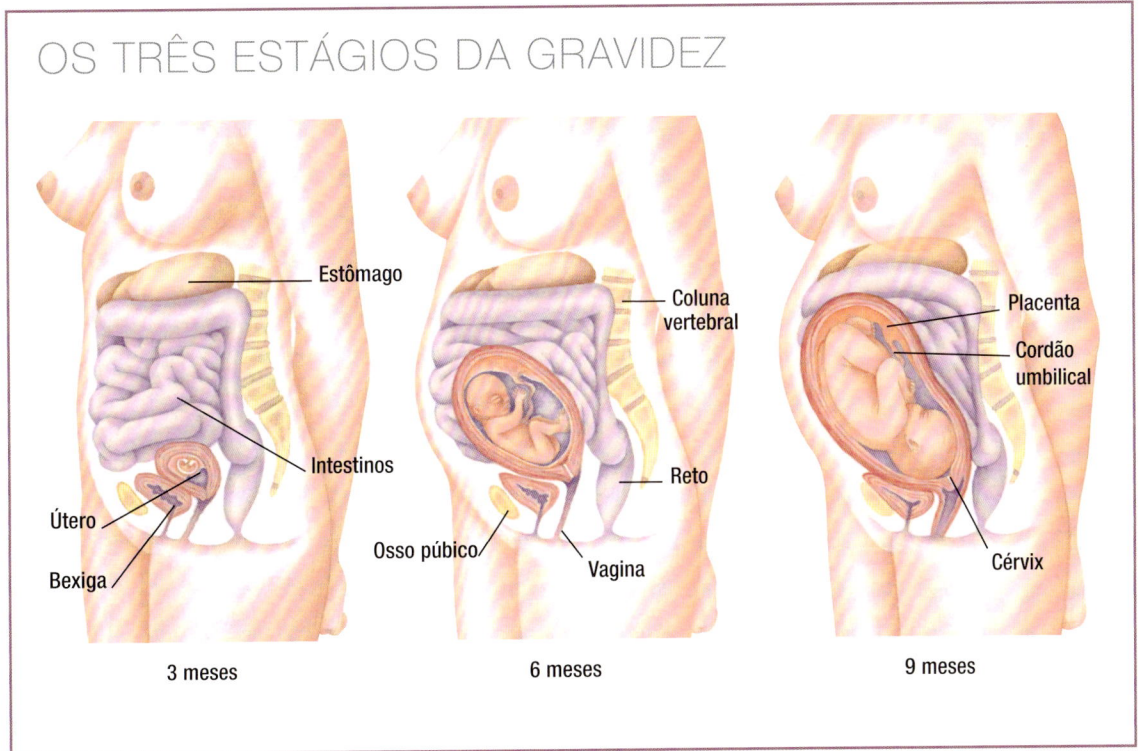

reduzirão a tensão na parte superior das costas e nos ombros e aumentarão sua conscientização postural. Um sutiã bem ajustado oferecerá o apoio e o conforto essenciais; talvez você precise fazer vários ajustes ao longo da gestação e quando estiver amamentando.

SEPARAÇÃO DOS MÚSCULOS ABDOMINAIS: DIÁSTASE DOS RETOS DO ABDOME

À medida que seu bebê cresce, seu útero se expande e os músculos do abdome se alongam. O músculo reto do abdome se estira e se separa, a fim de permitir essa expansão. Essa separação é chamada "diástase dos músculos retos do abdome" e ocorre em cerca de dois terços das gestantes. Se você passar por essa separação do músculo reto do abdome, não execute nenhum exercício tradicional de flexão, já que não há mais apoio suficiente para as vísceras abdominais e para o útero. Muitas vezes, pensamos que o músculo reto do abdome é o que deve ser trabalhado para acabar com a "barriguinha". Contudo, o método Pilates irá lhe mostrar como exercitar seus músculos estabilizadores posturais para poder recuperar sua cintura de modo seguro.

MÚSCULOS DE SUSTENTAÇÃO DO TRONCO E DA COLUNA VERTEBRAL

O método Pilates enfoca o equilíbrio muscular do seu tronco, os músculos posturais. Este equilíbrio é fornecido pelos músculos abdominais, glúteos e das costas. Os exercícios do método Pilates iniciam todos os movimentos a partir destes grupos musculares, especialmente na região do abdome. Um dos músculos mais importantes é o transverso do abdome, o músculo abdominal mais profundo. Ele emerge da pelve e se infiltra na caixa torácica e no diafragma, envolvendo o tórax como um corpete ou uma cinta larga. Esse músculo ajuda a apoiar o seu bebê e sua coluna. Um músculo transverso forte evitará que sua pelve se desloque muito para a frente, o que pode causar desconforto na região lombar inferior durante os estágios finais da gravidez. Ele é também o principal músculo usado durante o trabalho de parto e, uma vez que você "empurra" utilizando-o, é preciso reforçá-lo para lidar com todas essas demandas.

SEPARAÇÃO DA SÍNFISE PÚBICA

A sínfise púbica une os ossos púbicos na frente da pelve, formando uma proteção cartilaginosa que exerce um papel importante para ajudar a estabilizar a pelve. Em preparação para o parto, sua pelve muda de forma, enquanto o hormônio relaxina permite que a articulação se torne frouxa e se separe, facilitando a expansão necessária para a passagem do bebê pelo canal do parto. Você deve evitar quaisquer atividades que causem dor nessa área.

SEPARAÇÃO DOS MÚSCULOS ABDOMINAIS

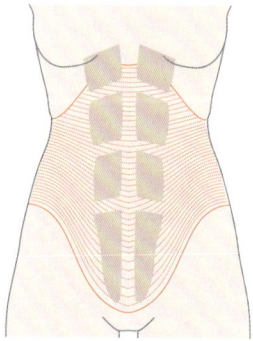

Músculo transverso do abdome

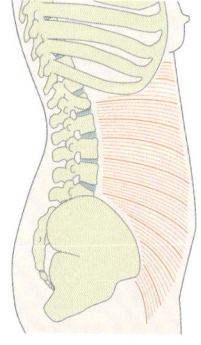

Músculos transversos do abdome, que envolvem o corpo

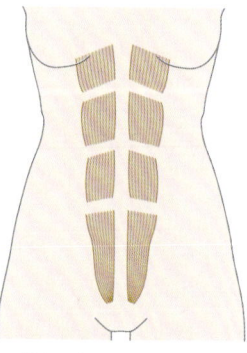

Músculo reto do abdome

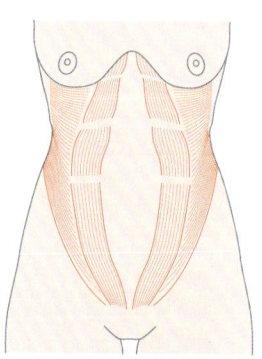

Separação na diástase dos músculos retos do abdome

ASSOALHO PÉLVICO

Os exercícios do método Pilates concentram-se na força e na estabilização da musculatura postural. Seu assoalho pélvico forma uma parte do conjunto osteomioarticular responsável pela estabilidade postural, ajudando a apoiar o útero em crescimento, e deve permanecer forte e elástico para enfrentar as exigências da gravidez e do trabalho de parto. Os músculos do assoalho pélvico agem como uma espécie de rede, passando do osso púbico na frente de sua pelve para o cóccix nas costas e saindo em cada lado do ísquio – seus "ossos de sentar" –, que você pode localizar sentando-se em uma cadeira firme, colocando as mãos sob os glúteos e sentindo as protuberâncias ósseas enquanto se balança de um lado para outro. A uretra, a vagina e o ânus separam essa faixa de músculo semelhante a uma rede.

Ao redor da uretra, da vagina e do ânus, existe um músculo em forma de "8" chamado pubococcígeo. Fortalecer este músculo auxiliará no alívio ou na prevenção de possíveis problemas nos intestinos ou bexiga, que podem ser particularmente incômodos durante a gravidez. Músculos do assoalho pélvico fortes mantêm os órgãos internos no lugar, ajudam na prevenção de perdas urinárias embaraçosas e auxiliam durante o trabalho de parto. Músculos adequados não são apenas mais fortes, mas, surpreendentemente, também são mais elásticos e, portanto, se estiram com facilidade quando o hormônio

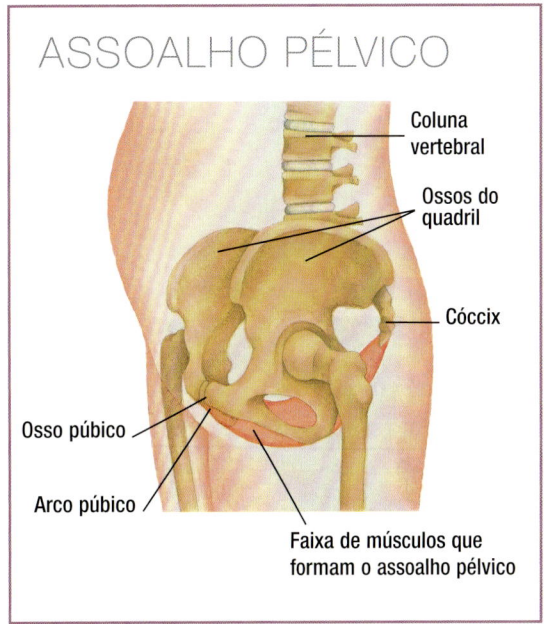

ASSOALHO PÉLVICO

- Coluna vertebral
- Ossos do quadril
- Cóccix
- Osso púbico
- Arco púbico
- Faixa de músculos que formam o assoalho pélvico

relaxina entra em ação para permitir que os músculos do assoalho pélvico se estirem e relaxem durante o parto. Essa combinação torna a sua experiência de trabalho de parto mais confortável. Músculos do assoalho pélvico fortalecidos e elásticos apresentam múltiplos benefícios, que são importantes para a sua saúde, mesmo quando você não estiver grávida.

BENEFÍCIOS DE UM ASSOALHO PÉLVICO SAUDÁVEL

- Melhora a capacidade de estirar e relaxar com mais facilidade durante o parto.
- Melhora a circulação para a região pélvica.
- Promove a rápida recuperação e cicatrização, auxiliando na reconquista de boa qualidade muscular após o parto.
- Previne a incontinência urinária por esforço.
- Melhora as sensações sexuais.
- Apóia os órgãos da pelve.
- Previne o mau alinhamento das articulações do quadril e sacroilíacas (que formam uma interligação entre a parte posterior da pelve e os ossos do quadril).
- Ajuda a prevenir problemas de intestinos e bexiga que podem vir a ocorrer em idades mais avançadas.
- Promove a estabilidade da musculatura postural.

Para outros modos de exercitar os músculos do assoalho pélvico, pratique os exercícios pélvicos descritos nas páginas 32-33.

CUIDADOS COM A POSTURA

Uma das primeiras coisas que você percebe, à medida que a gravidez avança, é uma alteração na postura, que pode causar dor lombar em muitas mulheres. Este capítulo oferecerá informações para que você possa desenvolver habilidades essenciais de conscientização corporal e apresentará técnicas que visam melhorar sua postura e proteger sua coluna vertebral durante diversas atividades cotidianas.

A postura correta é crucial para proteger sua coluna vertebral antes, durante e depois da gravidez. Durante a gestação, o aumento de peso, tamanho e a carga que você leva na frente de seu corpo contribuem para causar sobrecarga em sua região lombar inferior. É possível que você tente compensar essa situação adotando uma postura incorreta na parte superior da coluna. Enquanto seu equilíbrio se altera, seu centro de gravidade muda (ver diagrama abaixo). Com o método Pilates, você identificará os músculos essenciais para obter uma postura correta e aprenderá a usar esses músculos sem tensão nem movimentos forçados. Você será recompensada com um corpo harmonioso, que projetará equilíbrio, graça e facilidade de movimentos.

POSTURA

Durante a gravidez, ocorre um ganho de peso considerável – até 14 kg –, cuja maior parte se situa na frente do seu corpo. O aumento no peso de suas mamas impõe aos seus ombros uma pressão para a frente, o que pode fazê-la encurvar-se, enquanto o aumento do abdome transfere seu centro de equilíbrio para a frente e para cima. A curvatura normal da coluna acentua-se, muitas vezes entortando a coluna e causando dor lombar inferior. O controle e a estabilidade, portanto, são necessários para os seus músculos estabilizadores posturais. A boa postura apresenta benefícios para toda a vida e faz com que você pareça e se sinta mais confiante, protegendo-a contra dores e tensões. Confira sua postura, colocando-se de pé e de lado na frente de um espelho de corpo inteiro.

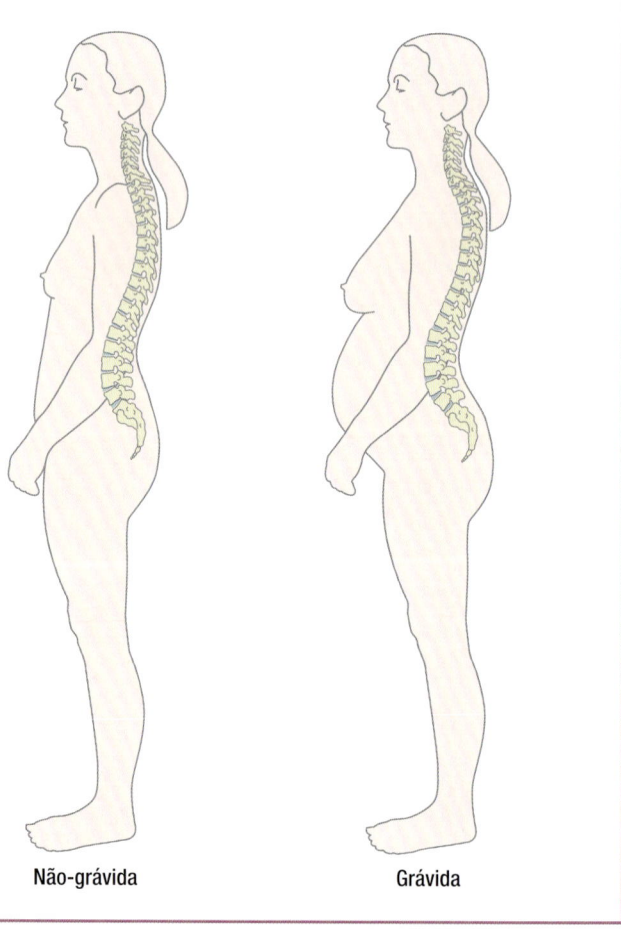

Não-grávida   Grávida

AUTOPERCEPÇÃO CORPORAL

A forma como nos sentimos emocionalmente tem conseqüências diretas sobre o modo como nos posicionamos. Sabemos qual é a aparência de uma pessoa sem confiança: nós a imaginamos cabisbaixa, com o olhar voltado para baixo e os ombros encurvados. Sua visão de alguém superconfiante ou arrogante provavelmente combina queixo erguido e ombros retos. Uma pessoa muito cansada pode apresentar cabeça "caída", ombros recurvados e aparência corcunda. Esses exemplos demonstram como a postura oferece um reflexo de nossos sentimentos mais íntimos, servindo como um cartão de visita de nossa disposição e personalidade para o mundo.

As páginas seguintes a ajudarão a tomar consciência, instintivamente, sobre a postura e a linguagem corporal que você projeta. Isso pode envolver a mudança de muitos hábitos prejudiciais de postura que você adotou sem perceber. Más práticas – como encurvar os ombros, apoiar o peso em um dos lados do quadril, projetar a barriga para a frente ao caminhar ou ficar de pé, carregar peso e curvar-se incorretamente – podem ser corrigidas retreinando a memória de seus músculos. Isso irá lhe proporcionar uma autopercepção postural instintiva e automática.

Bailarinas são exemplos perfeitos de pessoas com autopercepção e autocontrole postural automáticos. Elas parecem possuir uma graça natural quando ficam de pé e caminham e, até mesmo, quando fazem compras em um supermercado. Isso ocorre porque seus movimentos e ações são ensaiados e praticados de forma lenta e metódica, até se tornarem naturais. Sua memória muscular se torna programada para que se movam instintivamente com boa postura, graça e facilidade.

Os movimentos do método Pilates seguem os mesmos princípios dos exercícios controlados e conscientes executados por bailarinas. Eles ajudarão a adquirir autopercepção corporal, orientando-a por meio de padrões de movimentos estruturados e de fácil execução, que se concentram na postura e alinhamento correto do corpo e que fluirão para seus movimentos e atividades cotidianos. Uma postura melhorada ajudará a prevenir dores lombares e sobrecargas nas articulações durante a gestação. Você também se sentirá mais confiante e positiva, enquanto sua vitalidade e seus níveis de energia serão aumentados.

DE PÉ, COM BOA POSTURA

Para conquistar uma boa postura na gravidez, você precisa:

- Colocar-se de pé com os pés ligeiramente afastados (alinhados com o quadril), com o peso distribuído de modo uniforme entre seus dedões e os dedos mínimos e calcanhares (visualize um tripé).
- Relaxar os joelhos.
- Evitar contrair os músculos glúteos.
- Garantir que sua pelve está com alinhamento neutro (isto é, que não está encurvada demais para a frente ou para trás); deixar o cóccix pesar na direção do chão.
- Deixar os braços penderem nas laterais do seu corpo e relaxar as costelas; sentir o posicionamento dos seus ombros e escápulas e os movimentos do seu tórax (especialmente durante a respiração).
- Liberar qualquer tensão nos músculos do pescoço, relaxando e suavizando a contração dos músculos das mandíbulas. Imagine um cordão fixado no alto de sua cabeça puxando-a em direção ao teto, fracionando sua coluna e deixando-a alinhada.

ESTABILIDADE AO CAMINHAR

Caminhar é a forma de movimento mais natural e exercitará a circulação nas pernas. Siga essas orientações para uma boa postura:

- Use calçados confortáveis e use todo o pé ao andar; evite usar saltos altos, já que podem desestabilizar a sua postura.
- Enquanto caminha, balance suavemente os braços sem colocar tensão nas mãos, pescoço ou ombros.
- Se precisar permanecer de pé por muito tempo, mova os pés encolhendo os dedos, depois levante-se nas pontas dos pés ou dê passos sem sair do lugar para estimular a circulação e evitar a possibilidade de cãibras.

SENTAR-SE COM BOA POSTURA

Quando você se senta com uma boa postura, sua coluna assume a forma de um "S" suave. Depois de sentar-se por algum tempo, sua postura relaxa e você termina com as costas "em forma de banana". Infelizmente, cadeiras macias e fundas incentivam sua coluna a este mau hábito. Para manter uma boa postura sentada, você deve:

- Garantir que suas costas estão apoiadas – se necessário, use uma almofada pequena ou uma toalha enrolada na parte inferior de suas costas para apoiar a parte inferior da coluna.
- Coloque seus pés apoiados no chão.
- Levante-se ereta a partir do alto da cabeça, mantendo sua coluna em forma de "S" e relaxando os ombros para evitar tensão.
- Evite cruzar as pernas e mantenha a parte posterior dos joelhos levemente afastada da cadeira, a fim de prevenir a má circulação.
- Assegure-se de que sua cadeira tem altura e ângulo ajustáveis, se estiver no ambiente de trabalho; ao usar o computador, a altura da cadeira em relação à mesa está correta se seus punhos e antebraços estão paralelos ou inclinados para baixo em relação à superfície de trabalho.

LEVANTAR-SE DEPOIS DE ESTAR SENTADA

- Afaste os pés na largura aproximada de seus quadris, com um pé ligeiramente na frente do outro.
- Incline-se para a frente e coloque-se de pé usando a força de suas pernas, não de suas costas.

CURVAR-SE E CARREGAR PESO COM SEGURANÇA

- Quando precisar erguer algo do chão, abaixe-se flexionando os joelhos, mantendo as costas o mais retas possível.
- Mantenha a carga o mais próxima possível do seu tronco e use os músculos fortes das pernas para fazer o trabalho, endireitando-as.
- Segure o objeto com as duas mãos; se for muito pesado, peça que outra pessoa o levante.
- Ao carregar sacolas de compras, distribua o peso igualmente entre as duas mãos, para auxiliar no equilíbrio e evitar tensão.
- Todas as tarefas domésticas e trabalhos de jardinagem no nível do solo são mais fáceis se você se sentar no nível da tarefa – no chão; isso evita uma curvatura desnecessária das costas por períodos prolongados.

SENTAR-SE ERETA DEPOIS DE ESTAR DEITADA

Cuide sempre para não colocar tensão em sua coluna vertebral enquanto se senta após estar deitada, particularmente nos estágios mais avançados da gravidez, quando há mais pressão sobre os músculos abdominais. Evite quaisquer movimentos súbitos ao sentar-se. Os exercícios do método Pilates serão úteis para o desenvolvimento de um controle suave dos movimentos. Travesseiros e almofadas de apoio são ótimos para relaxar, porque ajudam a aliviar a dor lombar inferior e dores no pescoço. Você também pode usar esta técnica ao levantar-se após um exercício que executou deitada.

- Se estiver deitada, role para um lado e levante-se apoiando-se em um dos cotovelos.
- Mantendo seus joelhos e tornozelos juntos, desloque as pernas para baixo e para o lado da cama e levante o corpo com cuidado até sentar-se em um movimento suave e controlado.
- Use os braços para levantar-se quando estiver deitada de lado.

SEQÜÊNCIA SEGURA PARA DEITAR-SE E LEVANTAR-SE

Esta rotina de quatro etapas a ajudará a deitar-se e levantar-se do chão com segurança. À medida que o peso do seu bebê aumentar, o seu equilíbrio poderá ser afetado, de modo que é preciso mover-se com mais lentidão e cuidado. Use esta seqüência do estágio intermediário da gravidez em diante e continue até depois do seu exame pós-natal de seis semanas. Isso ajudará a acelerar sua recuperação após o parto.

- Encolha a barriga, levando o umbigo para dentro, em direção à coluna. Dobre os joelhos e abaixe o peso do corpo sobre um deles, depois transfira para os dois joelhos.

- Mantendo o umbigo encolhido para dentro, na direção da coluna, coloque as mãos no chão, à sua frente. Agora, sente-se em um dos lados e dobre os joelhos levemente.

- Usando os cotovelos para obter apoio, abaixe lentamente as suas costas para o chão. Mova-se delicadamente para baixo em um movimento controlado das costas.

- Para levantar-se novamente, role para um lado, dobre os joelhos para cima e use suas mãos para empurrar para cima e se colocar em uma posição sentada de lado. Vire-se e apóie-se nos joelhos e mãos, depois levante-se apoiada em um joelho. Repouse as duas mãos sobre a coxa e faça pressão para cima, para ficar de pé.

PRÁTICA SEGURA

Você fez uma sábia escolha ao optar pelo método Pilates para ajudá-la a fazer todo o possível para garantir que seu corpo ofereça um ambiente saudável e calmo no qual seu bebê possa ser nutrido e crescer. Ao seguir as instruções e orientações de segurança para os exercícios, você extrairá benefícios máximos da natureza suave do método Pilates durante este momento especial que leva à chegada do seu bebê.

INICIANTES NO MÉTODO PILATES

Joseph Pilates, nascido na Alemanha em 1880, criou um programa de exercícios para lidar com os seus próprios problemas físicos causados por uma doença adquirida na infância. Ele se mudou para a Inglaterra em 1912 e durante os anos de guerra começou a desenvolver seu sistema de "contrologia muscular" e seus famosos exercícios no solo (*mat-work*). Sua filosofia era a de coordenar mente, espírito e corpo para trabalhar *com* os músculos do corpo e não "sobre" eles.

ATENÇÃO

- Se você não praticava o método Pilates antes da gravidez, é aconselhável adiar o início deste programa para depois do quarto mês, quando sua gravidez já estará segura.
- É essencial exercitar-se com cuidado e suavidade no começo da gravidez, quando há maior risco de aborto.

Se você é iniciante no método Pilates, saiba que está prestes a embarcar em um programa de exercícios que melhorará sua postura, desempenho físico, saúde e bem-estar geral. Os movimentos calmos, controlados e fluidos dos exercícios fornecem um sistema ideal de exercícios para a sua gravidez e para readquirir suas formas após o parto.

Como iniciante, você deve começar a praticar o método Pilates após o quarto mês de gestação. Aprenda os princípios básicos e siga a maior parte da Sessão para o Estágio Inicial da Gravidez – em outras palavras, comece pelo começo! Exclua quaisquer exercícios feitos de bruços e não execute nenhum exercício deitada de costas por mais de três minutos. Leia as "Orientações gerais de treinamento" (ver p. 22-23) para garantir que tirará o máximo proveito de suas sessões do método Pilates.

SEGURANÇA DURANTE A GRAVIDEZ

Em geral, as mulheres são incentivadas a continuar com sua rotina normal de exercícios durante a gravidez, mas não devem exceder seus níveis de intensidade pré-gravidez. Contudo, é sensato consultar seu médico sobre quaisquer instruções especiais. Cada mulher é única, o que significa que você precisará adaptar-se constantemente e modificar sua rotina de exercícios para ajustar-se às muitas alterações hormonais e físicas que ocorrerão durante a gestação.

É coerente tomar todas as precauções possíveis quanto à segurança, mas gravidez não é doença! Faça exames pré-natais regulares para detectar quaisquer alterações médicas, a fim de desfrutar dos benefícios dos exercícios suaves durante toda a gestação e se preparar bem para o trabalho de parto, parto e para ser mamãe.

Se houver qualquer problema médico, doença ou complicações associadas a sua gravidez, consulte primeiro o seu médico antes de iniciar qualquer tipo de programa de exercícios. Se descobrir alguma dor, desconforto ou sintomas incomuns durante os exercícios, pare imediatamente e busque atendimento médico.

ORIENTAÇÕES GERAIS DE TREINAMENTO

Use roupas largas e confortáveis que não restrinjam seus movimentos. Tenha cuidado especialmente para não aquecer-se demais durante os três primeiros meses de gestação. Use um sutiã de suporte com ajuste adequado para ajudar na prevenção de estrias. A melhor maneira de praticar os exercícios do método Pilates é descalça; se desejar usar meias, assegure-se de que tenham solas antiderrapantes.

EQUIPAMENTO

Você precisará dos seguintes equipamentos para extrair benefícios máximos do seu programa de exercícios do método Pilates:

- Um colchonete ou tapete acolchoado de exercícios
- Uma cadeira resistente sem braços
- Uma almofada baixa ou toalha dobrada, além de algumas almofadas macias ou travesseiros
- Um bloco de ioga
- Um lenço comprido e uma faixa de exercícios ou elástica
- Uma bola de esponja e uma bola macia
- Um par de halteres leves, com cerca de 500 g ou 1 kg cada

ESCOLHA DOS EXERCÍCIOS MAIS ADEQUADOS

Os exercícios selecionados devem ser escolhidos com cuidado para cada estágio da gravidez. Consulte os conselhos e orientações específicas para os vários estágios no começo de cada seção. Leia os conselhos de "Prática segura" (ver p. 20-21) antes de começar, e se já tiver problemas lombares, consulte seu médico antes de iniciar os exercícios.

QUANDO EXERCITAR-SE

O fim da tarde ou o começo da noite é a melhor hora para se exercitar, em termos físicos, já que seus músculos estão aquecidos pelas atividades do dia. Entretanto, talvez seu estilo de vida não permita isso, porque você ainda está trabalhando, tem filhos para cuidar ou talvez porque seja uma pessoa que funciona melhor de manhã. É fato que o aquecimento consome mais tempo quando realizado de manhã, mas o mais importante é encontrar o melhor momento para você. Seja qual for seu horário preferido, desenvolva uma rotina, siga-a e não permita interrupções. Trate esse momento como uma parte de sua vida, assim como escovar os dentes após as refeições. O objetivo é conquistar um equilíbrio entre seus exercícios e as demandas de família/trabalho, a fim de garantir que você estará calma e relaxada, mental e fisicamente. Mantenha um diário para acompanhar seu progresso e ajudá-la a permanecer firme em sua decisão.

ONDE EXERCITAR-SE

Escolha um cômodo com espaço suficiente para mover-se livremente, sem restrições ou obstáculos. Idealmente, o lugar deve ser silencioso, arejado e com temperatura confortável, com muita luz. Verifique se não há correntes de ar. Uma boa idéia é manter seu equipamento de exercício no mesmo cômodo que você usa para as suas sessões, já que ter de procurá-lo e levá-lo de um cômodo para outro pode diminuir seu entusiasmo!

Tente eliminar distrações (ligue sua secretária eletrônica) e crie um ambiente confortável. Use música de fundo, se preferir; ouvir a música que você gosta enquanto se exercita pode promover pensamentos e sentimentos positivos, que a ajudarão a sentir-se mais motivada e a conquistar melhores resultados.

EXERCÍCIOS CARDIOVASCULARES

Você precisa complementar seus exercícios de Pilates com alguma atividade cardiovascular moderada todos os dias, para equilibrar seus objetivos de saúde e desempenho físico. Se antes da gravidez você não se exercitava ativamente, é preciso começar os exercícios aeróbicos com cautela, aumentando gradualmente. Os tipos mais seguros de exercícios cardiovasculares são a caminhada e a natação.

Evite toda atividade que possa colocar você e seu bebê em risco. Nesse sentido, são particularmente perigosos esportes de contato, mergulho, asa-delta, pára-quedismo, esqui aquático ou em declives, hipismo, patinação no gelo, ginástica olímpica, ciclismo ou qualquer atividade que possa causar perda do equilíbrio.

NUTRIÇÃO

Uma dieta balanceada e saudável durante a gravidez proporcionará excelentes resultados de saúde para você e seu bebê. Consuma alimentos orgânicos frescos com muitas frutas e vegetais, cereais integrais, laticínios e alimentos com proteínas. Tanto quanto possível, evite alimentos processados e refinados para cortar o sal "escondido", gorduras ruins e alimentos quimicamente tratados. Confira com um profissional os alimentos que devem ser evitados durante a gravidez. Mesmo que você sofra de enjôos (que podem ocorrer a qualquer hora do dia), mantenha biscoitos secos à mão, para ajudar a evitar a sensação de fome, que pode aumentar a náusea. A higiene dos alimentos também é extremamente importante nesse período. O consumo de álcool deve ser evitado durante a gravidez.

Você deve se alimentar em períodos regulares e nunca saltar refeições. É melhor comer quantidades menores, em intervalos freqüentes todos os dias, a fazer refeições mais copiosas e em menor número. Consulte um nutricionista confiável se for vegetariana ou naturalista ou se tiver alguma alergia alimentar.

FUNDAMENTOS DO PILATES

PRINCÍPIOS DO PILATES

Existem diferentes variações e interpretações do método de exercícios de Joseph Pilates, mas todas baseiam-se nos seguintes princípios, que ele estabeleceu como essenciais para a conquista da saúde física ideal.

Respirar com eficiência é crucial para a sua saúde e é um dos princípios mais importantes do método Pilates. Aprender como respirar corretamente garantirá que você obtenha os benefícios máximos de todos os exercícios.

O uso de técnicas de relaxamento incentiva a tranquilidade, bem como a calma e a concentração mental. Isso auxilia na concentração que o método Pilates requer, garantindo um foco preciso na área do corpo que está sendo exercitada. A técnica de visualização é um dos métodos mais eficazes de uso do poder da mente para afetar o desempenho físico e os resultados no método Pilates.

A estabilidade da musculatura postural é o próprio fundamento sobre o qual se baseiam os movimentos do método Pilates. Os músculos estabilizadores posturais são o centro de força do corpo e fornecem o ponto a partir do qual todos os movimentos do método Pilates são iniciados. O uso correto do posicionamento pélvico visa à obtenção de uma posição natural e neutra para a coluna e a pelve, ajudando a reduzir a sobrecarga sobre a coluna. Exercícios de estabilidade do ombro dão sustentação às escápulas e devem ser utilizados nos músculos que criam melhor alinhamento da cabeça e do pescoço. O posicionamento correto da cabeça e do pescoço é o degrau mais alto na escada da boa postura.

RESPIRAÇÃO

Respirar corretamente permite que o oxigênio enriqueça o sangue e nutra todo o corpo. Uma respiração superficial, que use apenas a parte superior dos pulmões, priva os músculos em trabalho do oxigênio que precisam. Ao respirar plenamente, permitimos que o sangue rico em oxigênio recarregue os músculos que estão trabalhando, e quando expiramos profundamente, nosso corpo libera resíduos e substâncias químicas prejudiciais de nosso sangue. Os exercícios do método Pilates incentivam a respiração profunda nos lobos inferiores dos pulmões, a fim de auxiliar esse processo de troca. A prática da respiração adequada irá ajudá-la a evitar tensão e permitirá que você se concentre na manutenção dos movimentos corretos durante os exercícios.

RELAXAMENTO

O método Pilates é um modo maravilhoso de exercitar-se suavemente durante a gravidez, sem impor ao corpo uma tensão indevida. Pode parecer estranho sugerir que uma sessão de exercícios seja descrita como relaxante, mas isso é exatamente o que o método Pilates propõe. O método Pilates oferece exercícios que começam a partir de uma posição calma e relaxada e visam a desafiar o seu corpo, usando movimentos fluidos e controlados, de forma precisa e agradável. Esta abordagem de relaxamento para a conquista e manutenção do desempenho físico beneficiará também o seu bebê!

CONCENTRAÇÃO

Todas nós sofremos com aquela incessante "tagarelice" interna — aquela preocupação constante com todas as tarefas cruciais do dia que está sempre em nossas mentes: "fazer compras", "lembrar-se do cartão de aniversário da irmã", etc. Para extrair o máximo de seus exercícios do método Pilates, é fundamental desenvolver a capacidade de reduzir esse "ruído de fundo" mental e concentrar seus pensamentos e energia na área do corpo que você está exercitando. Isso lhe permite dirigir seu exercício especificamente para a produção do resultado máximo. Um início e encerramento calmos e focados de suas sessões do método Pilates são especialmente benéficos durante a gravidez.

VISUALIZAÇÃO

Durante a gravidez, você adquire maior sintonia com seu corpo e naturalmente desenvolve maior autopercepção. A visualização ajuda a aproveitar essa habilidade em uma técnica que atletas, em particular, usam para aumentar o desempenho e resultados. A visualização é especialmente útil durante o relaxamento, quando lhe permite usar a mente e a imaginação para melhorar sua técnica de exercício. Sua calma interior recém-descoberta fará com que você se sinta no controle do seu corpo em transformação.

FUNDAMENTOS DO PILATES

ESTABILIDADE DA MUSCULATURA POSTURAL

Os músculos estabilizadores posturais são conhecidos como o centro de força do corpo, a partir do qual emanam todos os movimentos e o fortalecimento do método Pilates. Um centro de força forte gera a estrutura muscular que sustenta sua postura, coluna e pelve. O desenvolvimento e manutenção de músculos estabilizadores posturais fortes, durante a gravidez, ajudarão a evitar a dor lombar que aflige muitas mulheres, causada pela mudança no centro de gravidade do corpo enquanto este se move para cima e para a frente, distorcendo a curva natural da coluna. Durante a gravidez, a estabilidade da musculatura postural ajuda no reequilíbrio do seu corpo à medida que seu bebê cresce, e no alívio de sobrecargas e tensões adicionais sobre suas articulações. Nos estágios mais avançados da gravidez, você também estará menos propensa a sofrer falta de ar se tiver mantido uma boa postura na região lombar superior. A conquista de músculos abdominais fortes, pelo treinamento do músculo transverso do abdome, ajudará a recuperar mais rapidamente uma barriga plana após o nascimento de seu bebê.

POSICIONAMENTO PÉLVICO

O valor do alinhamento corporal correto precisa ser sempre lembrado. A mudança de ângulo da pelve afeta o alinhamento da coluna, e ambos afetam diretamente toda a postura. O posicionamento pélvico correto proporciona boa postura, o que ajuda a evitar dores lombares e tensão nas articulações durante a gestação. A postura e a graça que você alcançará lhe darão uma aparência radiante e aumentarão sua confiança.

ESTABILIDADE DOS OMBROS

Dor no pescoço e ombros contraídos e com "nós" de tensão são queixas comuns. Na gravidez, uma carga adicional é aplicada sobre os músculos da região lombar superior, ombros e pescoço, em conseqüência ao aumento das mamas e ao crescimento do bebê. Isso faz com que você mantenha os ombros em uma posição tensa e rígida. O método Pilates enfoca os músculos apropriados para a obtenção de ombros relaxados e alivia a tensão e o desconforto no pescoço.

POSICIONAMENTO DA CABEÇA E DO PESCOÇO

O pescoço é muito suscetível a lesões, e os efeitos de danos a essa região podem ter longa duração, causando dor e cansaço, além de sono desconfortável e inquieto. Idealmente, a cabeça precisa estar em uma posição bem equilibrada, sem qualquer esforço muscular consciente. Os exercícios do método Pilates lhe possibilitam treinar para manter sua cabeça e pescoço corretamente, a fim de prevenir tensão e lesões. O alinhamento correto da cabeça e do pescoço proporcionará aquele toque final à sua elegância e postura.

TÉCNICA DE RESPIRAÇÃO

Para respirar de forma profunda e eficiente, inspire pelo nariz e expire pela boca, com os lábios semiabertos. Ao exercitar-se, é fundamental expirar no ponto de esforço do movimento e inspirar enquanto relaxa ou se prepara para o próximo movimento. Esse padrão lhe permite evitar tensão e se concentrar totalmente em cada movimento do exercício. Respirar corretamente durante o exercício estimula os músculos do assoalho pélvico, abdominais e das costas a atuarem de forma conjunta e plena, oferecendo a estabilização essencial para a sua pelve e coluna lombar.

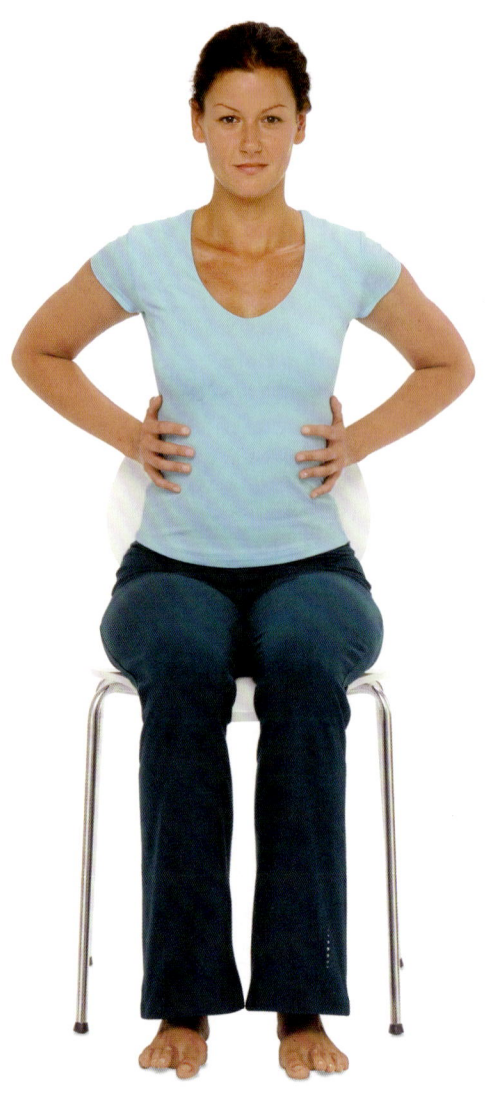

DICAS

- Evite respirar apressadamente. Mantenha sua respiração em um ritmo confortável para ajudá-la a evitar a falta de ar.
- Com o aumento do tamanho do seu bebê, particularmente no estágio final da gravidez, respirar profundamente poderá não ser confortável; assim, respire normalmente.
- Nunca prenda o fôlego (muitas mulheres fazem isso ao se exercitarem, sem que percebam), já que isso pode causar tontura ou desmaio.

Sente-se em uma cadeira estável, com os pés totalmente apoiados no solo e afastados na largura dos quadris. Alongue-se para cima, esticando a coluna. Coloque as mãos em cada lado da sua caixa torácica. Inspire pelo nariz e sinta as costelas expandindo-se para os lados, em suas mãos. Ao expirar, sinta as costelas se fechando.

RESPIRAÇÃO COM FLEXÃO DO PESCOÇO E INCLINAÇÃO DA CABEÇA PARA BAIXO

Este exercício respiratório incorpora movimentos que mobilizam e liberam a tensão no pescoço, ombros e coluna. Além disso, incentiva o uso correto dos músculos abdominais quando você se curva.

Repetições: 3

DICAS

- Inicie o movimento a partir do alto da cabeça e se concentre em sentir sua coluna se flexionando, vértebra por vértebra, à medida que você se inclina para a frente, mantendo o movimento limitado.
- Ao subir, inicie o movimento a partir do cóccix.

1 Sente-se em uma cadeira estável, com os pés totalmente apoiados no solo e afastados na largura dos quadris. Relaxe os braços para baixo, nas laterais do corpo, com as palmas voltadas para dentro. Alongue-se para cima, esticando a coluna. Mantenha seu peso uniformemente distribuído no alto dos quadris. Contraia o abdome suavemente, levando o umbigo na direção da coluna.

2 Inspire, deixando seu queixo cair lentamente na direção do tórax. Expire, deixando que o peso de sua cabeça a leve para a frente tanto quanto for confortável, descansando em uma posição relaxada. Inspire, depois leve o umbigo na direção da coluna, enquanto expira lentamente. Desencurve as costas, vértebra por vértebra, até voltar à posição ereta.

RELAXAMENTO

O relaxamento é vital para que você possa desfrutar a sua gravidez. A tranqüilidade oferecida pelo relaxamento transferirá benefícios para o seu bebê e contribuirá para a saúde dele no futuro. Como o processo de relaxamento neste exercício consiste em uma série de etapas progressivas, pode ser útil gravar a seqüência e ouvi-la enquanto trabalha para aperfeiçoar seu relaxamento ao máximo.

DICA

- Ouvir música suave enquanto relaxa pode gerar emoções e pensamentos positivos, o que a ajudará a alcançar resultados ainda melhores.

Deite-se de costas em seu tapete de exercícios com os joelhos flexionados, pés totalmente apoiados no solo e afastados na largura dos quadris. Coloque um pequeno travesseiro ou almofada sob a cabeça, se necessário. Relaxe os braços nas laterais do corpo, com as palmas voltadas para cima.

- Para promover o relaxamento, feche os olhos e sinta o peso dos seus pés, pelve, caixa torácica, escápulas e cabeça apoiados pesadamente no tapete. Comece com as pontas dos dedos dos pés e vá subindo pelo corpo.
- Imagine seus pés como um tripé com três pontos que os conectam ao solo — seu dedão, dedo mínimo e o centro do calcanhar.
- Mantenha os joelhos em uma linha paralela com os quadris. Relaxe os flexores dos quadris e as coxas. Se parecerem tensos, afaste mais os pés ou aproxime-os às nádegas, até sentir-se confortável.
- Mantenha a pelve em alinhamento neutro (veja "Coluna neutra", na p. 36). Imagine os ossos dos quadris apontando para o teto. Evite contrair os músculos glúteos.
- Sinta sua coluna estendendo-se no tapete.
- Deixe que os músculos dos ombros e do pescoço relaxem, e libere qualquer tensão dos músculos das mandíbulas e da face.
- Agora, sinta todos os músculos do seu corpo relaxando. Imagine-se deitada na areia e se fundindo lentamente nela. Desfrute a sensação de seu corpo nessa posição de relaxamento incrivelmente confortável. Após o terceiro mês de gestação, pratique este exercício deitada de lado.

O ASSOALHO PÉLVICO

O assoalho pélvico forma uma parte integral dos músculos estabilizadores posturais e exerce um papel vital na manutenção da postura corporal correta. Músculos do assoalho pélvico, quando fracos, levam a uma postura inadequada e causam dor lombar. A falta de apoio apropriado para os órgãos da pelve pode levar a um prolapso, uma debilidade que causa incontinência ou vazamentos embaraçosos quando você espirra ou ri, e a problemas de bexiga e intestinos mais tarde. Essa debilidade no assoalho pélvico não é definitivamente a melhor preparação para o parto. Exercícios para o assoalho pélvico provavelmente são os mais importantes na gravidez. Eles também ajudam a ativar e a posicionar seus músculos abdominais posturais.

TIPOS DE FIBRAS MUSCULARES

O assoalho pélvico possui dois tipos de fibras musculares, conhecidas como fibras de contração lenta e de contração rápida. Cada tipo executa uma função diferente e, portanto, exige uma técnica diferente de exercício. Aproximadamente dois terços dos músculos são de contração lenta, e executam, portanto, contrações musculares lentas que apóiam os órgãos da pelve durante atividades prolongadas, ajudando-a a permanecer em uma posição por longos períodos enquanto mantém uma boa postura e permitindo-lhe passar por longas sessões sem "vazar". O fortalecimento dos músculos de contração lenta oferece a vantagem de maior prazer durante a relação sexual. O terço restante das fibras musculares é de contração rápida e ajuda a preservar o controle quando ocorrem atividades mais repentinas, como saltos, risadas ou espirros. Os exercícios nas páginas seguintes foram elaborados para exercitar os músculos do assoalho pélvico.

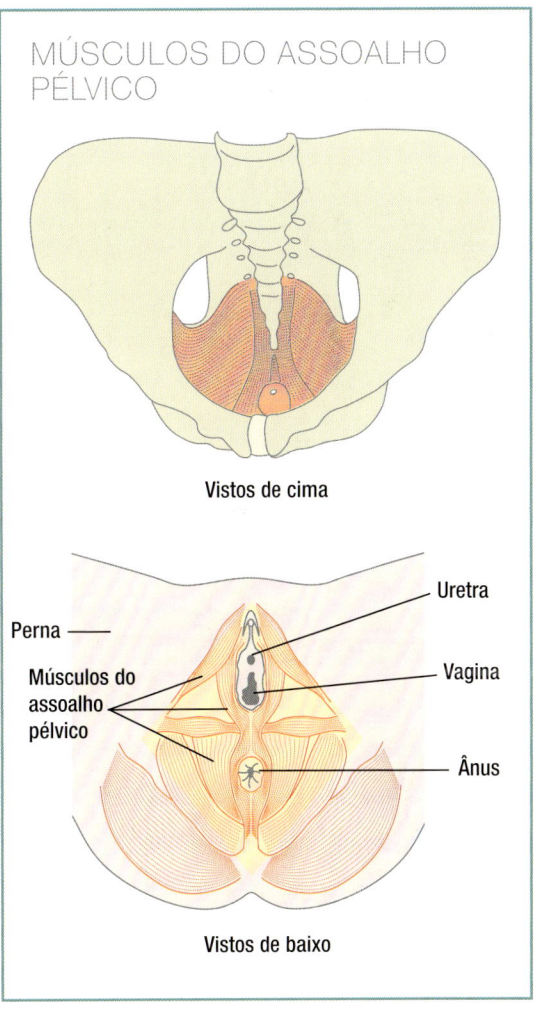

MÚSCULOS DO ASSOALHO PÉLVICO

Vistos de cima

Perna — Músculos do assoalho pélvico — Uretra — Vagina — Ânus

Vistos de baixo

EXERCÍCIOS PÉLVICOS

O exercício denominado Diamante trabalha os músculos de contração lenta. Estendendo o tempo em que você consegue "segurar-se", ele oferece um fantástico fortalecimento para os músculos do assoalho pélvico e do esfíncter (que auxiliam no controle voluntário do momento de esvaziar a bexiga ou intestinos). O exercício Diamante – Pulsar trabalha com os músculos de contração rápida que previnem vazamentos embaraçosos causados por espirros repentinos. No estágio final da gravidez, o exercício Diamante – Grande Elevação a prepara para o trabalho de parto.

DIAMANTE

Repetições: 3–5

1 Sente-se ereta em uma cadeira estável, com os pés apoiados no solo e afastados na largura dos quadris. Assegure-se de que seu peso corporal está distribuído de modo uniforme, com os quadris retos para a frente. Imagine um diamante (losango) formado pelo seu osso púbico na frente, seus ossos dos quadris em cada lado e o cóccix na parte de trás. Os músculos do assoalho pélvico estão anexados aos quatro cantos do diamante.

2 Inspire. Depois, enquanto expira, junte os quatro cantos, puxando para dentro e depois para cima. Mantenha por três segundos, depois inspire enquanto libera lentamente por seis segundos. Levante até o nível da bexiga. Sinta o músculo transverso contrair-se e encaixar. Descanse seis segundos, depois repita. Aumente gradualmente para dez segundos, com descanso de dez segundos.

DICAS

- Execute freqüentemente durante o dia inteiro, ou sempre que utilizar água!
- A ação de contrair e levantar é semelhante à de "segurar-se" para não soltar gases.

DIAMANTE – PULSAR

Repetições: 5–10 (três vezes ao dia)

Sente-se em uma cadeira ou de pernas cruzadas no chão. Imagine-se sentada nos quatro cantos do seu "diamante" e em seguida puxe esses quatro cantos para dentro e para cima. Mantenha por uma fração de segundo, libere rapidamente e, então, relaxe completamente. Repita.

DICAS

- Se sentir que está prestes a tossir ou espirrar, pratique este movimento imediatamente antes do espirro.
- Evite contrair a parte interna das coxas e os músculos glúteos ou aplicar tensão sobre os ombros.

DIAMANTE – GRANDE ELEVAÇÃO

Repetições: 3–5

Sente-se em uma cadeira como para o exercício Diamante, ou de pernas cruzadas no chão. Imagine-se sentada nos quatro cantos do seu "diamante" e, enquanto puxa esses quatro cantos para dentro e para cima, visualize uma plataforma elevadiça subindo até o primeiro andar. Mantenha os músculos do assoalho pélvico firmemente por dois segundos, inspirando e expirando suavemente. Agora, levante a plataforma elevadiça até o segundo andar. Mantenha por dois segundos. Repita esse movimento novamente até o terceiro e quarto andares, mantendo por dois segundos em cada nível. Libere lentamente o assoalho pélvico, baixando um nível de cada vez. Permaneça na fase de relaxamento por oito a dez segundos, depois tente novamente.

DICAS

- Este exercício exige muita prática e controle da respiração. Em cada "andar", lembre-se de inspirar e expirar antes de prosseguir.
- Pare no segundo nível, se tiver dificuldade. Progrida apenas quando se sentir mais forte. Depois execute este exercício de pé.

ESTABILIZAÇÃO DA MUSCULATURA POSTURAL

O centro de força refere-se ao músculo transverso do abdome – a faixa profunda de músculos que contorna seu tronco como um espartilho –, os músculos multífidos que sustentam sua coluna e os músculos do assoalho pélvico. O fortalecimento desses músculos estabiliza a coluna, a coluna lombar (região lombar inferior) e a pelve. Todos os movimentos no método Pilates são iniciados a partir do centro de força. Para conectar e coordenar esses músculos com eficiência e promover uma boa estabilidade, pratique os seguintes exercícios. Evite deitar de costas por mais de três minutos nos estágios intermediário e final da gestação.

DICAS

- Enquanto seus músculos abdominais se contraem, imagine um sorriso abrindo-se em seu abdome, espalhando-se do seu umbigo para a coluna. Pense nele como um sorriso "de orelha a orelha", como se contornasse seu corpo e envolvesse seu bebê!
- Mantenha o nível de sua pelve e evite encolhê-la.
- Progressão: mantenha os abdominais contraídos, inspire, depois expire e relaxe.

ESTABILIZADOR POSTURAL

Repetições: 3–5

1 Deite-se de costas com um pequeno travesseiro ou almofada sob a cabeça, se necessário. Apóie os pés planos no chão afastados na largura dos quadris, com os joelhos flexionados. Coloque as mãos espalmadas sobre os quadris. Deslize suas mãos 5 cm para dentro e 5 cm para baixo. Abra os dedos e sinta os músculos abdominais relaxados sob as pontas dos seus dedos.

2 Inspire, enchendo as laterais e a parte de trás da caixa torácica. Expire e levante o assoalho pélvico usando o exercício Diamante (ver p. 32). Simultaneamente, contraia o abdome, levando o umbigo na direção da coluna. Sinta seus abdominais afastando-se das pontas dos dedos. Inspire e libere os músculos abdominais. Repita.

FUNDAMENTOS DO PILATES 35

ESTABILIZADOR POSTURAL DE JOELHOS

Repetições: 5–10

1 Coloque-se na posição de gato, mantendo os ombros alinhados com as mãos e os quadris com os joelhos, com os cotovelos levemente flexionados, não travados. Estique o alto da cabeça, afastando-a do cóccix, mantendo uma posição neutra da coluna. Olhe para o chão, com as pontas dos dedos voltadas para a frente.

2 Inspire, enchendo as laterais e a parte de trás da caixa torácica. Expire, mantenha as costas imóveis e use o exercício Diamante (ver p. 32) para levantar o assoalho pélvico. Contraia o abdome, levando o umbigo na direção da coluna. Inspire para liberar seus músculos abdominais. Repita.

ESTABILIZADOR POSTURAL COM BOLA

Repetições: 5–10

Incremente este exercício colocando uma pequena bola de esponja entre as coxas. Repita o Estabilizador Postural de Joelhos, apertando suavemente a bola entre as coxas, enquanto levanta o assoalho pélvico e encolhe os abdominais na direção da coluna.

COLUNA NEUTRA

O método Pilates enfatiza a importância de estabilizar a pelve e a coluna lombar em uma posição neutra. Entender como encontrar essa posição e então usar essa conscientização para alinhar sua coluna é crucial, porque o ângulo da sua pelve afeta o alinhamento da sua coluna.

DICAS

- Após o terceiro mês de gestação, evite deitar-se de costas por mais de três minutos.
- Pode ser útil ficar de lado na frente de um espelho e praticar este movimento.

BALANÇO PÉLVICO

Repetições: quantas forem necessárias para encontrar a posição correta

1 Deite-se de costas com um pequeno travesseiro ou almofada sob a cabeça, se necessário. Apóie os pés planos no chão, afastados na largura dos quadris, com os joelhos flexionados. Coloque as mãos sobre a parte da frente dos quadris. Tracione a pelve para baixo, sentindo a parte de baixo das suas costas planas sobre o tapete. Você sentirá seu cóccix se erguendo do chão e os flexores dos quadris (onde o alto de suas coxas se dobra) contraindo-se.

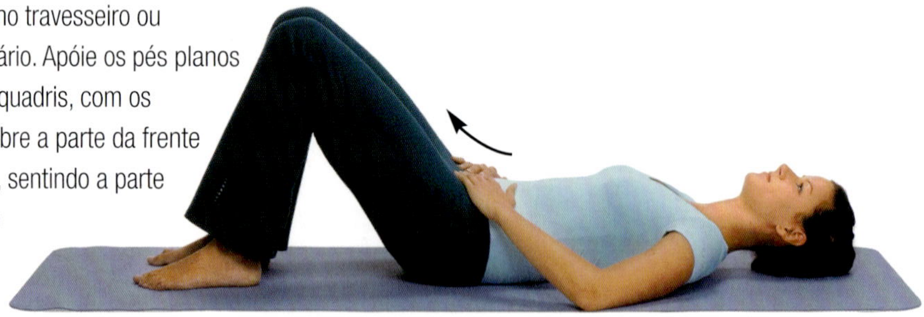

2 Suavemente, leve a pelve na direção contrária, tracionando-a na direção do queixo. Você sentirá um leve arqueamento em sua coluna. Observação: evite arquear as costas se você tiver algum problema lombar.

3 Descubra o ponto neutro da sua coluna balançando-se para trás e para a frente entre essas duas posições. O ponto neutro está entre esses dois extremos, onde seu cóccix baixa na direção do tapete e seu osso púbico e ossos dos quadris se nivelam. Deve haver um espaço mínimo para deslizar uma mão entre o tapete e a parte de trás da sua cintura.

FUNDAMENTOS DO PILATES 37

ABERTURA DE JOELHO FLEXIONADO

Repetições: até 5 em cada lado, alternando

Comece como se fosse executar o Balanço Pélvico, com a coluna em alinhamento neutro. Coloque as mãos sobre os ossos dos quadris para garantir que ficarão imóveis. Inspire. Enquanto expira, contraia a musculatura do assoalho pélvico e os músculos abdominais, levando o umbigo na direção da coluna. Deixe seu joelho esquerdo abrir-se para fora. Mantenha os quadris, a pelve e o joelho direito imóveis. Inspire e volte à posição inicial. Repita no outro lado.

DESLIZAMENTO DE PERNA

Repetições: até 5 em cada lado, alternando

Comece como se fosse executar o Balanço Pélvico. Inspire, levando o ar para as laterais e a parte de trás da caixa torácica. Expire, contraia a musculatura do assoalho pélvico e os músculos abdominais, levando o umbigo na direção da coluna. Ao mesmo tempo, deslize um pé ao longo do tapete o mais longe possível das nádegas, sem mover a pelve. Inspire e volte à posição inicial. Repita no outro lado.

ELEVAÇÃO DE JOELHO DEITADA

Repetições: 5–10 em cada lado, alternando

Comece como se fosse executar o Balanço Pélvico. Inspire, levando o ar para as laterais e a parte de trás da caixa torácica. Expire lentamente, contraia a musculatura do assoalho pélvico e os músculos abdominais, levando o umbigo na direção da coluna. Ao mesmo tempo, erga um joelho acima do quadril em um ângulo de 90 graus. Inspire, mantendo o joelho erguido enquanto mantém a contração abdominal. Expire enquanto abaixa lentamente seu pé até o chão. Repita no outro lado.

ESTABILIZAÇÃO DO OMBRO

Mamas mais pesadas e o aumento de peso do bebê podem causar dor no pescoço e tensão nos músculos dos ombros. Estes exercícios ajudarão a estabilizar suas escápulas e permitirão que você sinta o modo correto de como elas deveriam mover-se em suas costas ao iniciar movimentos com os braços. Círculos com os braços chamam a atenção para o posicionamento da caixa torácica durante movimentos dos braços.

DICA

- Após o terceiro mês de gestação, evite deitar-se de costas por mais de três minutos e, em vez disso, tente praticar os Círculos com os Braços de pé ou sentada.

ISOLAMENTO DA ESCÁPULA

Repetições: 3

POSIÇÃO NEUTRA IDEAL
Sente-se ereta no tapete com as pernas cruzadas, braços estendidos à sua frente no nível do ombro, palmas das mãos de frente uma para a outra e afastadas na largura dos ombros. Mantenha os ombros relaxados.

AFASTAMENTO EXCESSIVO DAS ESCÁPULAS (POSTURA INCORRETA)
Inspire e estenda os braços para a frente, esticando com as pontas dos dedos. Você verá que a lacuna entre suas escápulas se amplia. Expire e volte à posição neutra ideal. Repita.

APROXIMAÇÃO EXCESSIVA DAS ESCÁPULAS (POSTURA INCORRETA)
Inspire e aproxime lentamente suas escápulas uma da outra, sem forçá-las. Expire e volte à posição neutra ideal. Repita.

FUNDAMENTOS DO PILATES

ELEVAÇÕES E ABAIXAMENTOS DOS OMBROS

Repetições: 2 ou 3

ELEVAÇÕES
Sente-se ereta no tapete com as pernas cruzadas e os braços relaxados nas laterais do corpo. Inspire e encolha os ombros para cima, na direção das orelhas, sentindo seus ombros e escápulas deslizarem para cima.

ABAIXAMENTOS
Expire e abaixe os ombros, deslizando as escápulas para baixo e pressionando suas palmas levemente no tapete. Inspire e volte à posição inicial.

CÍRCULOS COM OS BRAÇOS

Repetições: 5 em cada direção

Deite-se de costas com os joelhos flexionados e os pés apoiados no chão, afastados na largura dos quadris. Levante os braços e estenda as pontas dos dedos em direção ao teto. Inspire para preparar-se e então expire enquanto contrai a musculatura abdominal, levando o umbigo na direção da coluna vertebral. Inspire e eleve os braços acima da cabeça, mantendo a caixa torácica em contato com o tapete. Expire, fazendo círculos com os braços para fora e em torno dos quadris e retornando à posição inicial.

ALONGAMENTO DO PESCOÇO

O método Pilates ensina a alongar a parte posterior do pescoço, quer você esteja deitada, sentada ou de pé, ajudando-a na conquista do alinhamento perfeito e da postura correta. O posicionamento correto da cabeça e do pescoço auxilia na prevenção de desconforto e lesões. Um alinhamento perfeito pode ser conquistado pelo equilíbrio da força dos flexores do pescoço (usados quando levamos o queixo na direção do tórax) e dos extensores do pescoço (usados quando olhamos para cima). Sua coluna cervical manterá sua curva natural, criando uma postura mais forte e saudável.

DICAS

- Inicie o movimento de abaixar o queixo a partir da linha dos olhos. Olhe para um inseto imaginário no teto e siga seu percurso do teto até um ponto afastado de você na linha do horizonte.
- Evite deitar de costas por mais de três minutos após o terceiro mês de gestação.

ALONGANDO OS MÚSCULOS EXTENSORES DO PESCOÇO

Repetições: 3–5

1 Deite-se de costas com os joelhos flexionados e os pés apoiados no chão e afastados na largura dos quadris. Relaxe os braços nas laterais do corpo, com as palmas voltadas para baixo. Deixe seu corpo relaxar e sinta a amplitude do seu tórax durante a respiração.

2 Inspire e lentamente abaixe o queixo na direção do tórax, alongando a parte de trás do pescoço sem levantar a cabeça do tapete. Expire e volte à posição inicial. Repita.

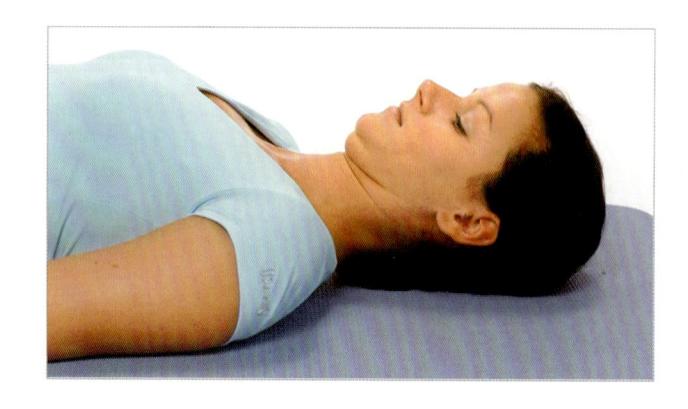

FUNDAMENTOS DO PILATES   41

INCLINAÇÕES LATERAIS DE CABEÇA

Repetições: 3 em cada lado, alternando

ROTAÇÕES DE CABEÇA

Repetições: 3 em cada lado, alternando

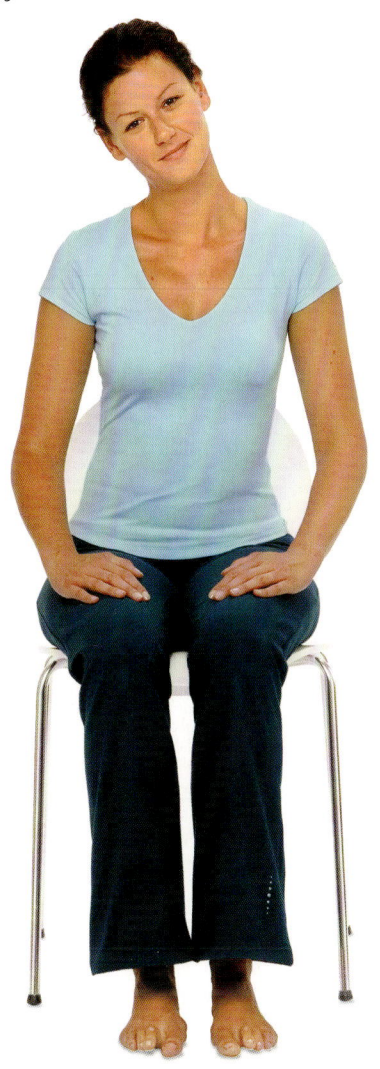

Sente-se ereta em uma cadeira, com o abdome encolhido. Posicione os joelhos alinhados com os pés e descanse as mãos sobre as coxas. Mantenha a linha dos olhos reta à frente o tempo todo, mantendo a mesma amplitude em seu tórax, com os ombros relaxados. Inspire e incline a orelha direita na direção do ombro direito. Volte à posição ereta, depois incline a orelha esquerda na direção do ombro esquerdo. Repita.

Assuma a mesma posição inicial do exercício Inclinações Laterais de Cabeça. Rode a cabeça lentamente para o lado direito e mantenha por um segundo. Repita no lado esquerdo e mantenha. Mantenha o queixo nivelado enquanto roda a cabeça. Repita.

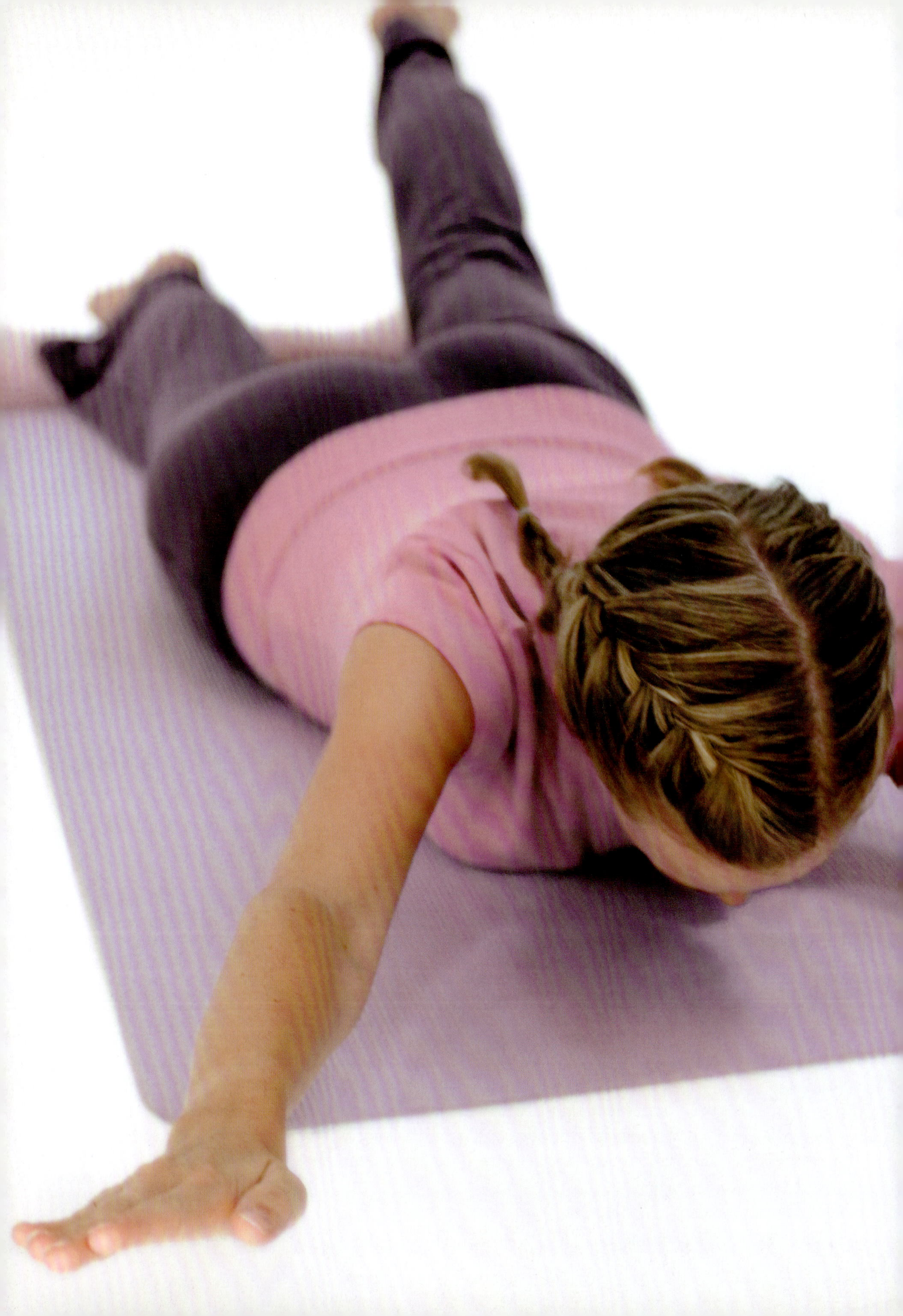

ESTÁGIO INICIAL DA GRAVIDEZ

PRIMEIRO AO TERCEIRO MÊS

MUDANÇAS EM SEU CORPO

Após perceber que sua menstruação não veio e descobrir que está grávida, você logo passará por mudanças emocionais e físicas, à medida que seus hormônios forem entrando em ação. Você poderá sentir-se muito emotiva, oprimida e facilmente cansada. Muitas mulheres também começam a sofrer enjôos ou náuseas.

Seus ligamentos e articulações estão se tornando mais frouxos e instáveis, o que a deixa mais propensa a tensão ou lesões nas articulações e pode causar postura inadequada.

Você perde gradualmente a cintura. Se os exercícios fazem parte da sua vida e seu corpo está em boa forma, essas mudanças poderão alarmá-la, mas o ganho de peso é natural e necessário para o crescimento do seu bebê.

Liberações hormonais aumentam o volume de suas mamas e produzem gotículas de secreção leitosa conhecida como colostro, em preparação para a amamentação. Além disso, as mamas poderão estar mais sensíveis. Sua bexiga sente a pressão do útero que aumenta e talvez você precise urinar com mais freqüência. A constipação também pode começar a incomodá-la nesse período.

Sua pressão arterial se altera e freqüentemente torna-se mais baixa nos primeiros meses. Essas alterações às vezes podem causar tontura.

Os exercícios apresentados neste livro servirão como base para a recuperação de uma silhueta forte e delineada após o parto.

ORIENTAÇÕES PARA O PERÍODO DO PRIMEIRO AO TERCEIRO MÊS

- Se você é iniciante no método Pilates, espere até sua gestação estabilizar, no quarto mês (16ª semana), antes de começar esses programas – consulte os conselhos oferecidos na p. 20.
- Se realmente precisar esperar até depois da 16ª semana para começar os exercícios, ainda é possível manter-se em forma fazendo caminhadas diárias para manter seu condicionamento cardiovascular. Aplique os princípios da boa postura ao caminhar (ver p. 26-27).
- Ao exercitar-se, execute apenas o número de repetições que lhe pareça confortável. Não exagere!
- Pratique os exercícios para o assoalho pélvico todos os dias.
- Tenha cuidado durante transições de exercícios – mova-se lentamente e evite levantar-se rápido demais.
- Preste atenção à sua técnica e à sua postura. A qualidade do movimento é melhor que a quantidade.
- Com o aumento das mamas, haverá uma tendência de arredondamento da região torácica superior e dos ombros; assim, inclua exercícios do método Pilates que fortaleçam a região média das costas, como o exercício Portas de Celeiro (ver p. 54) e A Pipa (ver p. 60).
- É importante fortalecer e delinear seus braços e ombros, em preparação para segurar, levantar e carregar seu bebê. O exercício Pressionamento de Parede (ver p. 48) combina uma superatividade para seus braços e tórax.
- Previna a constipação bebendo muita água e consumindo pelo menos cinco porções de frutas frescas e vegetais diariamente.
- Comer quantidades menores com freqüência maior, além de alimentar-se no começo do dia, pode evitar sensações de enjôo ou náusea. Mantenha biscoitos secos à mão, para aliviar rapidamente a sensação de estômago vazio.
- Se algo lhe parecer desconfortável, PARE!

ESTÁGIO INICIAL DA GRAVIDEZ 45

VISÃO GERAL DA SESSÃO DE EXERCÍCIOS PARA O ESTÁGIO INICIAL DA GRAVIDEZ

Execute toda a Sessão para o Estágio Inicial da Gravidez pelo menos três vezes por semana. Prepare-se sempre mobilizando o corpo suavemente, usando o programa de aquecimento abaixo. Isso lhe dará vários minutos para aumentar sua conscientização corporal, concentrar-se e despertar o seu corpo. A concentração é fundamental. Livre sua mente dos assuntos corriqueiros e dê esse tempo para você!

VISÃO GERAL DO AQUECIMENTO

Os exercícios de aquecimento foram extraídos da seção Fundamentos do Pilates (ver p. 25-41). Execute-os na ordem indicada abaixo:

Respiração com Flexão do Pescoço e Inclinação da Cabeça para Baixo página 29

Estabilizador Postural de Joelhos página 35

Abertura de Joelho Flexionado e Deslizamento de Perna página 37

Elevações e Abaixamentos dos Ombros página 39

Círculos com os Braços página 39

Inclinações Laterais de Cabeça página 41

Agora você está aquecida e pronta para iniciar a Sessão de Exercícios para o Estágio Inicial da Gravidez. Estude a "Visão geral da seqüência de exercícios", depois aprenda os exercícios.

ESTÁGIO INICIAL DA GRAVIDEZ 47

VISÃO GERAL DA SEQÜÊNCIA DE EXERCÍCIOS

Pressionamento de Parede
página 48

Extensão dos Braços sobre a Cabeça
página 49

Deslizamentos na Parede: Primeira Posição de *Pliês* página 50

Rosca
página 52

Fortalecimento do Tríceps
página 53

Portas de Celeiro
página 54

Joelhos Flexionados
página 55

Natação
página 56

A Concha
página 58

A Pipa
página 60

Aperto de Bola
página 61

Mobilizador do Tornozelo na Posição Sentada
página 62

Relaxamento dos Músculos da Coluna e das Pernas página 63

PRESSIONAMENTO DE PAREDE

O Pressionamento de Parede é um ótimo exercício para condicionar e fortalecer os músculos da parte posterior do braço (tríceps) e peito (peitorais). Os peitorais localizam-se na frente dos ombros e sob as mamas. Peitorais fortes ajudam a sustentar as mamas e dão forma ao seu busto. Esta versão do clássico *press-up* (pressionamento) que usa a parede é ideal durante a gravidez.

Repetições: 8–10

DICAS

- Evite deixar que suas costas se encurvem. Mantenha a coluna alongada e o abdome contraído com firmeza durante todo o exercício.
- Guie o movimento com seu peito, não com o nariz.
- Evite travar os cotovelos enquanto endireita os braços.

1 Coloque-se de pé, ereta, com os pés afastados na largura dos quadris e os joelhos levemente flexionados. Coloque as mãos espalmadas na parede à sua frente, ligeiramente mais afastadas que a largura dos ombros, depois recue até que seus braços fiquem retos.

2 Inspire e contraia o abdome, levando seu umbigo na direção da coluna. Dobre seus cotovelos lentamente enquanto abaixa o tórax na direção da parede. Expire e pressione com firmeza contra a parede para voltar à posição inicial.

EXTENSÃO DOS BRAÇOS SOBRE A CABEÇA

Este é um maravilhoso exercício de alongamento lateral, com execução revigorante e que exerce seus efeitos com suavidade. A Extensão dos Braços Sobre a Cabeça é realizada na posição sentada no chão; talvez você se sinta mais confortável sentada em uma almofada grande, um bloco de ioga ou uma toalha enrolada. Para garantir um resultado equilibrado para este exercício, altere os pés cruzados na sua frente quando alternar os lados.

Repetições:
3–5 em cada lado

DICAS

- Puxe seu peso corporal para cima e para fora dos quadris.
- Mantenha os ombros relaxados enquanto levanta o braço.
- Mantenha a cabeça e o pescoço alinhados com a coluna e olhe reto para a frente, enquanto estende o braço sobre a cabeça.

1 Sente-se confortavelmente com as pernas cruzadas e fique ereta, alongando-se a partir do alto da sua cabeça na direção do teto. Coloque a mão direita no chão ao seu lado e levante o braço esquerdo na direção do teto, estendendo as pontas dos dedos.

2 Inspire, levando o ar para as laterais e a parte de trás da caixa torácica. Expire e contraia os músculos abdominais, levando seu umbigo na direção da coluna. Levante o corpo e o alongue na direção do teto, depois estenda o braço para o outro lado e por cima da cabeça com seu braço esquerdo até onde for confortável. Mantenha os quadris e os ombros voltados para a frente. Inspire e puxe o corpo para cima a partir do seu centro, depois volte à posição inicial. Repita.

DESLIZAMENTOS NA PAREDE: PRIMEIRA POSIÇÃO DE PLIÊS

Os *pliês* vieram originalmente das aulas de balé, com *plier* significando "dobrar". Esses exercícios simples com flexão do joelho oferecem um excelente fortalecimento para todos os músculos da perna, com ênfase nos músculos glúteos e da parte interna das coxas. Trabalhar contra a parede melhora a sua atenção quanto à estabilidade da musculatura postural e utiliza de modo eficaz os seus músculos abdominais.

DICAS

- Evite virar as pernas para fora a partir dos joelhos ou tornozelos.
- Se não estiver segura quanto ao movimento de virar a perna para fora, pratique a Abertura de Joelho Flexionado (ver p. 37).
- Imagine-se apertando uma moeda entre as nádegas para ajudá-la com o movimento de virar para fora.

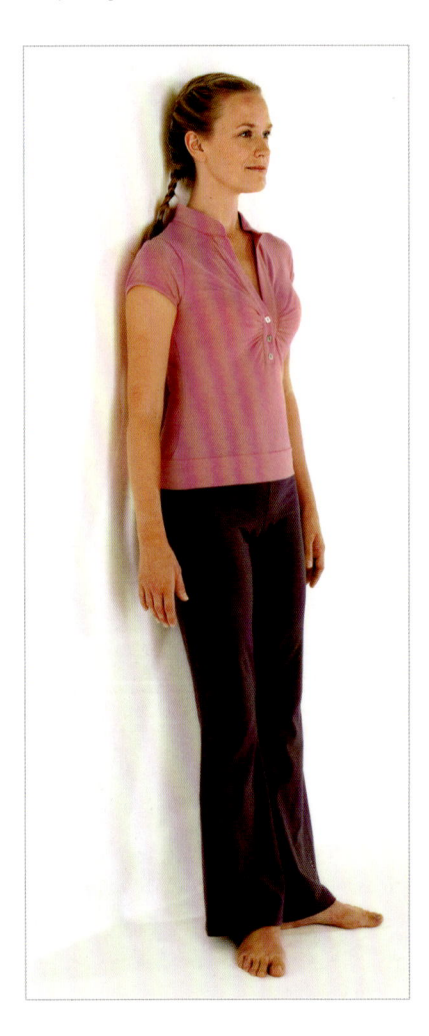

Repetições: 8–10

1 Fique de pé de costas para a parede, com os calcanhares a uma distância aproximada do tamanho do seu pé em relação à parede. Junte os pés e, com cuidado, vire as pernas para fora a partir das articulações dos quadris, mantendo os calcanhares tão próximos um do outro quanto lhe pareça confortável. Olhe reto para a frente.

2 Inspire. Contraia o abdome levando o umbigo na direção da coluna e mantenha a contração durante todo o movimento. Alongue as costas e flexione os joelhos para fora, alinhando-os com os dedos dos pés, enquanto desliza as costas para baixo, na parede. Não levante os calcanhares do chão. Mantenha por um segundo, depois expire enquanto desliza para cima novamente até voltar à posição inicial.

DESLIZAMENTOS NA PAREDE: SEGUNDA POSIÇÃO DE PLIÊS

Depois que puder executar os *pliês* em primeira posição com facilidade e eles não representarem mais um desafio, avance para os *pliês* em segunda posição. Esses *pliês* realmente ajudam a sentir os músculos glúteos e da parte interna das coxas contraindo-se e fortalecendo. Os *pliês* ajudarão você a conquistar pernas fortes e torneadas e um bumbum firme.

Repetições: 8–10

DICAS

- Contraia a musculatura abdominal durante todo o movimento.
- Se sentir que seus joelhos estão se voltando para dentro, vire os dedos dos pés ligeiramente para a frente a fim de melhorar o alinhamento.
- Conforme você deslizar para cima novamente, contraia os músculos glúteos como se tentasse segurar uma moeda.

1 Fique de pé, de costas para a parede, com os calcanhares a uma distância aproximada do tamanho do seu pé em relação à parede. Posicione os pés levemente mais afastados que a largura dos quadris – cerca de 38-45 cm. Vire as pernas para fora a partir das articulações dos quadris. Olhe reto para a frente.

2 Inspire e contraia o abdome. Alongue as costas e flexione os joelhos para fora, alinhando-os com os dedos dos pés, enquanto desliza as costas para baixo, na parede. Não levante os calcanhares do chão. Mantenha por um segundo. Expire, contraindo os músculos glúteos e a parte interna das coxas, enquanto desliza para cima na parede para voltar à posição inicial.

ROSCA

O desenvolvimento de força na parte superior dos braços traz vantagens para os músculos das costas durante a execução de atividades cotidianas, como levantar sacolas e mover móveis ao limpar a casa. Quando seu bebê chegar, você estará mais preparada para levantá-lo e carregá-lo, atividades que são parte da alegria de ser mãe! Para este exercício, que fortalece os músculos bíceps dos braços, você precisará de halteres com peso aproximado de 500 g ou 1 kg cada um.

DICAS

- Mantenha os músculos abdominais contraídos levando o umbigo na direção da coluna durante todo o exercício, para manter a boa postura.
- Evite curvar os ombros e mantenha o tórax expandido.
- Você pode executar este exercício sentada em uma cadeira firme e resistente.

Repetições: 8–10

1 Coloque-se de pé, ereta, com os pés afastados na largura dos quadris e os joelhos ligeiramente flexionados. Segure um haltere em cada mão, com as palmas voltadas para a frente e os braços nas laterais do corpo. Inspire para se preparar.

2 Expire, contraia os músculos abdominais levando o umbigo na direção da coluna, enquanto flexiona os cotovelos e levanta os halteres na direção dos ombros. Mantenha os cotovelos próximos ao corpo. No alto do movimento de rosca, contraia os músculos bíceps. Agora, inspire e abaixe lentamente os halteres até a posição inicial.

FORTALECIMENTO DO TRÍCEPS

Este exercício produz resultados realmente favoráveis. Ele se concentra no fortalecimento dos músculos tríceps, na parte posterior do seu braço. Além disso, elimina a flacidez dessa área difícil de alcançar e firma a parte de trás dos seus braços, de modo que não fiquem moles e não sacudam quando você acenar para alguém! Para este exercício, você precisará de halteres com peso aproximado de 500 g ou 1 kg cada um.

Repetições: 8–10

DICAS

- Mantenha os músculos abdominais contraídos levando o umbigo na direção da coluna durante todo o exercício, para manter boa postura.
- Deslize as escápulas suavemente para baixo, enquanto pressiona os braços para cima.
- Evite arquear a região superior das costas.

1 Coloque-se de pé, com boa postura e com os pés afastados na largura dos quadris. Segure um haltere em cada mão, com os braços nas laterais do corpo e as palmas voltadas para trás. Inspire, levando o ar para as laterais e a parte de trás da caixa torácica. Enquanto expira, leve o umbigo na direção da coluna e empurre os braços para trás.

2 Fique na posição por um segundo. Mantenha a área do tórax expandida, concentre-se na boa postura e não deixe que suas costelas se projetem para a frente. Inspire e volte lentamente à posição inicial. Repita.

PORTAS DE CELEIRO

O grupo dos músculos localizados transversalmente às escápulas exerce um papel importante na postura geral. Esses músculos devem ser fortalecidos para combater a postura de ombros caídos e prevenir lesões. Ombros caídos comprimem os músculos do tórax, criando desequilíbrio muscular. Este exercício é especialmente útil para qualquer pessoa que passe longas horas sentada ou dirigindo. O movimento ajuda a incentivá-la a expandir a área do tórax, promovendo uma conscientização quanto à sua postura.

Repetições: 5–10

DICAS

- Use os músculos entre as escápulas enquanto move os halteres para fora, mantendo-as abaixadas.
- Evite flexionar os punhos.
- Você pode executar este exercício de pé.

1 Sente-se confortavelmente em uma cadeira resistente, com os pés afastados na largura dos quadris e a coluna em posição neutra. Segure um haltere em cada mão e traga seus cotovelos próximos às laterais do corpo na altura da cintura, com as palmas voltadas para cima. Inspire para se preparar.

2 Expire e leve o umbigo na direção da coluna para estabilizar as costas. Mantenha os cotovelos próximos às laterais do corpo e mova os halteres para fora. Inspire e volte à posição inicial. Repita.

JOELHOS FLEXIONADOS

Manter a posição neutra da coluna proporciona maior conscientização sobre seu músculo transverso do abdome (a faixa de músculos semelhante a um espartilho). Este exercício exige boa estabilidade da musculatura postural e aumenta os benefícios que você conquistou com a Elevação de Joelho Deitada (ver p. 37).

DICAS

- Tente não aplicar tensão em seus ombros.
- Cuide para não protrair os músculos abdominais inferiores.
- Coloque uma almofada plana sob a cabeça, para maior conforto.

Repetições: 5–8

1 Deite-se no tapete com os joelhos flexionados e os pés apoiados no chão e afastados na largura dos quadris. Inspire. Expire e leve o umbigo na direção da coluna. Levante o joelho direito acima do quadril direito, em um ângulo de 90 graus. Inspire e coloque a mão direita no joelho direito. Expire e levante o joelho esquerdo em um ângulo de 90 graus acima do quadril esquerdo.

2 Inspire e solte o joelho direito. Evite arquear as costas. Expire e leve lentamente o pé direito para o chão, mantendo o umbigo posicionado na direção da coluna. Inspire. Expire enquanto abaixa lentamente o pé esquerdo até o chão. Repita, começando com a perna oposta.

NATAÇÃO

Este é um dos poucos exercícios que você executa de bruços e é realizado em três estágios. Ele fortalece toda a parte de trás do seu corpo, exercitando os músculos das pernas, os músculos glúteos e profundos da pelve e os músculos da região lombar inferior, média e superior. Este exercício também a ajuda a manter os músculos de sustentação postural fortes, usando apoio abdominal ao realizar os movimentos. Os benefícios obtidos contribuem para torná-la mais forte e preparada para a sua gravidez, parto e pós-parto.

Repetições: 6 de cada etapa, alternando os lados

DICAS

- Evite movimentar o corpo. Imagine um copo de água equilibrado sobre a parte inferior das suas costas – mantenha-o parado, para que não derrame!
- Mantenha os ombros relaxados e puxados para baixo nas costas.
- Se a sua barriga baixar para tocar no tapete, pare e descanse, recomeçando quando se sentir descansada.
- Se deitar de bruços for desconfortável, substitua este exercício pelo da Supermulher (ver p. 78).

1 Deite-se de bruços com uma toalha enrolada sob os tornozelos e mantenha os pés afastados na largura dos quadris. Descanse a testa sobre as mãos, que devem ser colocadas uma sobre a outra. Encontre sua posição de coluna neutra (ver p. 36) e então estenda o cóccix, afastando-o de você. Inspire e contraia os músculos do assoalho pélvico. Leve o umbigo na direção da coluna, levantando os abdominais inferiores para afastá-los do tapete. Expire e levante a perna direita, estendendo os dedos dos pés e afastando-os do cóccix. Inspire enquanto abaixa a perna até o chão.

ESTÁGIO INICIAL DA GRAVIDEZ

2 Agora estenda os braços formando um "V". Inspire para preparar-se e, enquanto expira, levante suavemente o braço esquerdo. Inspire enquanto abaixa lentamente o braço. Mantenha a cabeça sobre o tapete e continue levando o umbigo na direção da coluna. Alterne os braços, mantendo os cotovelos, pescoço e ombros relaxados. Repita.

3 Agora, levante um braço e a perna oposta juntos, erguendo um pouco a cabeça. Depois, abaixe o braço, a perna e a cabeça até o chão. Levante o outro braço e perna, erguendo um pouco a cabeça. Repita, garantindo que ainda está levando o umbigo na direção da coluna. Mantenha os movimentos baixos no início. À medida que os músculos do seu abdome se tornarem mais fortes, você poderá executar o exercício com os braços e as pernas um pouco mais altos. Seus movimentos devem ser controlados, elevando o braço e a perna na mesma altura. Levante a cabeça apenas se sentir-se suficientemente forte para isso.

A CONCHA

Este exercício apresenta muitos benefícios, porque exercita diferentes grupos musculares. Melhora a força nos músculos abdominais profundos, oferecendo apoio essencial para seu bebê que está crescendo, nos próximos meses. Além disso, fortalece e otimiza os músculos da parte externa das coxas e ajuda a firmar os músculos glúteos e os músculos profundos da pelve. Ele também melhora a estabilidade da sua pelve quando os ligamentos se tornam mais frouxos e o seu corpo muda, durante a gravidez. Como o nome do exercício sugere, os movimentos de pernas se assemelham a uma concha de marisco, que se abre e fecha.

Repetições: 8–10 em cada lado

1 Deite-se sobre seu lado esquerdo, com os quadris exatamente alinhados um com o outro. Endireite o corpo da cabeça aos pés. Coloque uma almofada plana entre sua cabeça e seu braço esquerdo, e outra sob o osso do quadril, se isso parecer mais confortável. Coloque a mão direita no chão, na sua frente, no nível da cintura.

DICAS

- Não deixe os quadris rolarem para trás e mantenha a cintura apoiada no tapete.
- Mantenha a coluna neutra e a estabilidade do tronco, para evitar movimento.
- Concentre-se nos músculos externos da coxa e nos músculos glúteos.
- Imagine seus músculos abdominais abraçando o bebê.
- Relaxe os ombros e mantenha seus movimentos lentos e controlados.
- Para uma alternativa simples, tente o Estabilizador Postural de Lado (ver p. 97). Este exercício não fortalecerá a parte externa de suas coxas e nádegas, mas lhe trará todos os benefícios abdominais para ajudá-la a lidar com o crescente peso do seu bebê e a melhorar sua postura.

ESTÁGIO INICIAL DA GRAVIDEZ

2 Dobre os joelhos para a frente até colocar suas coxas em um ângulo de 45 graus em relação ao seu corpo. Olhe reto para a frente e inspire para preparar-se.

3 Expire e leve o umbigo na direção da coluna. Mantenha os pés juntos e abra o joelho direito o máximo possível, sem deixar que os quadris rolem para trás. Inspire enquanto abaixa lentamente o joelho direito, levando-o novamente para descansar sobre o outro joelho. Repita.

A PIPA

A Pipa parece um exercício simples, mas seus efeitos são realmente perceptíveis. Ele se concentra na liberação da tensão na região lombar média e músculos do pescoço. Este movimento ajuda a abrir a área do tórax e, enquanto as escápulas se estabilizam e deslizam para baixo, qualquer tensão no pescoço e ombros simplesmente desaparece.

Repetições: 5–10

DICAS

- Use os braços para apoio, mas não para empurrar para cima – os músculos das costas devem fazer todo o trabalho.
- Evite olhar reto para a frente.
- A parte superior do corpo se levanta apenas 2,5-5 cm do chão. Mantenha as costelas em contato com o tapete.

1 Deite-se de bruços, com as pernas paralelas e os pés afastados na largura dos quadris. Posicione as palmas para baixo, com as pontas dos dedos tocando-se e os cotovelos dobrados para fora, formando uma pipa com os braços. Relaxe o pescoço e os ombros. Inspire para se preparar.

2 Olhe para baixo enquanto expira e leve o umbigo na direção da coluna. Levante e estenda o alto da cabeça para longe do cóccix. Ao mesmo tempo em que levanta a cabeça e o pescoço em linha com a coluna, deslize as escápulas para baixo e leve o queixo levemente na direção do pescoço. Continue olhando para o chão. Inspire. Expire abaixando o corpo até a posição inicial. Repita.

APERTO DE BOLA

Esta é uma adaptação de um exercício muito conhecido do método Pilates no qual uma bola ou travesseiro é apertado. Uma bola pequena de esponja é melhor, pois possibilita um aperto mais firme e mais efetivo. Este movimento eficaz combina o fortalecimento dos músculos internos das coxas com o exercício dos músculos do assoalho pélvico, além de aumentar a conscientização postural e liberar a tensão na região lombar inferior. Como bonificação, você também poderá sentir a contração nos músculos glúteos.

DICAS

- Evite arquear as costas enquanto aperta a bola.
- Se o seu pescoço ou cabeça parecer desconfortável, coloque uma almofada pequena sob a cabeça.
- Se você não tiver uma bola de esponja, use um travesseiro firme.

Repetições: 8–10

1 Deite-se de costas com os joelhos flexionados, pés firmes no chão e afastados na largura dos quadris. Mantenha a bola entre os joelhos e descanse os braços nas laterais do corpo, com as palmas das mãos voltadas para baixo. Mantenha o pescoço e os ombros relaxados o tempo todo. Inspire para preparar-se, depois contraia os músculos do assoalho pélvico.

2 Expire, leve o umbigo na direção da coluna e aperte a bola com os joelhos, devagar, mas com firmeza. Inspire e mantenha o aperto por um segundo. Depois, expire e relaxe o aperto lentamente, sem deixar cair a bola. Repita.

MOBILIZADOR DO TORNOZELO NA POSIÇÃO SENTADA

Este é um bom movimento para praticar no fim de uma sessão de exercícios ou quando você estiver sentada, relaxando. Ele aumenta eficientemente a mobilidade do tornozelo e é um bom modo de reduzir o inchaço (edema) nessa região e nos pés, que ocorre com tanta freqüência durante a gravidez. Além disso, o exercício fortalece os músculos dos tornozelos (flexores e extensores) e melhora a circulação nos membros inferiores, exercitando os músculos da panturrilha.

Repetições: 6 em cada direção

DICAS

- Mantenha uma boa postura e deixe seus músculos dos ombros e pescoço livres de tensão.
- Não faça respirações forçadas – sua respiração deve ser relaxada e natural.
- Olhe para a frente – se você olhar para baixo vai desalinhar sua coluna e seu pescoço.

1 Sente-se em uma cadeira resistente, com os pés apoiados no solo e afastados na largura dos quadris. Mantendo uma boa postura, dobre um joelho para cima, segurando-o por baixo. Respire normalmente durante todo o exercício.

2 Movimente o pé levantado no sentido horário muito lentamente, fazendo círculos completos com cada rotação. O movimento vem da articulação do tornozelo. Faça seis círculos no sentido horário, seguidos por seis no sentido anti-horário. Relaxe, mude de perna e repita o movimento.

RELAXAMENTO DOS MÚSCULOS DA COLUNA E DAS PERNAS

Este é um exercício imensamente satisfatório, que alonga suavemente e libera a tensão dos músculos da coluna e das pernas. Ele é uma versão do exercício Relaxamento da Coluna (ver p.107), realizado na posição de joelhos e praticado no estágio final da gravidez. O Relaxamento dos Músculos da Coluna e das Pernas é um exercício maravilhoso quando usado no fim de uma sessão. Para executar este movimento, você precisará de uma cadeira estável onde possa apoiar-se.

DICAS
- Evite deixar que suas costas se encurvem – mantenha o umbigo posicionado na direção da coluna durante todo o exercício.
- Enquanto a coluna se alonga, não deve haver tensão nos músculos das áreas dos ombros e do pescoço.
- Desfrute do alongamento lento e agradável em sua coluna, ao longo dos seus braços e nas laterais do corpo.

Repetições: 1

1 Apóie os joelhos e as mãos sobre o tapete na frente do assento da cadeira, a uma distância não maior que o comprimento do seu braço. Mantenha os joelhos levemente separados e voltados para fora. Os quadris devem estar alinhados com os joelhos e os ombros com as mãos. Inspire para preparar-se.

2 Expire e estenda as mãos para a frente, na direção do assento da cadeira. Agora, coloque as palmas das mãos para baixo e na largura dos ombros sobre o assento da cadeira. Sente-se para trás sobre seus calcanhares. Mantenha por até cinco segundos, respirando naturalmente, depois libere o alongamento, colocando as mãos novamente sobre o tapete. Repita.

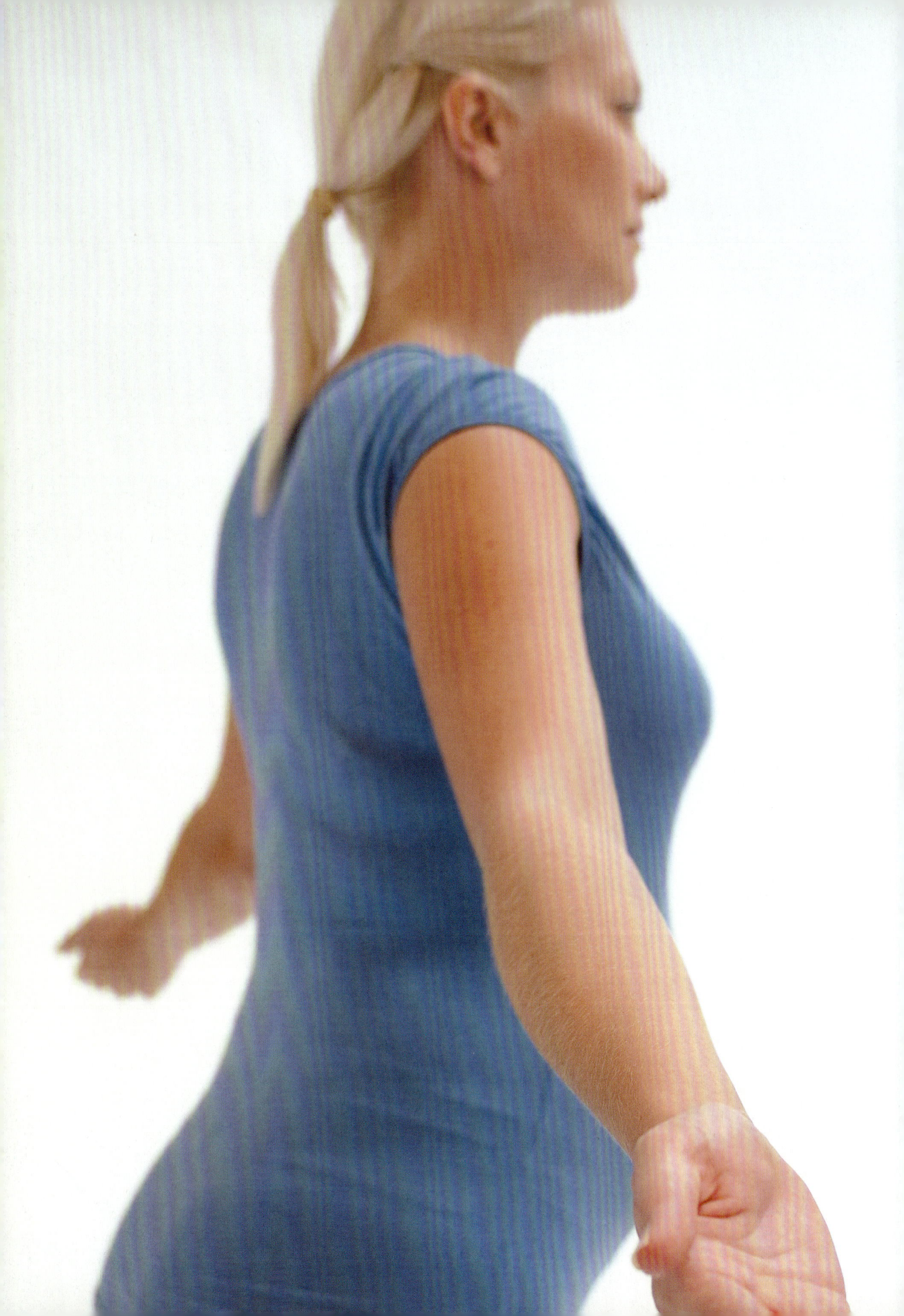

ESTÁGIO INTERMEDIÁRIO DA GRAVIDEZ
QUATRO A SEIS MESES

MUDANÇAS EM SEU CORPO

Nesse período, você descobrirá que sua postura se altera à medida que seu bebê cresce e sua barriga se torna mais redonda. Seus ombros também podem se tornar mais encurvados, por causa do maior peso das mamas. O ganho de peso será mais perceptível e você poderá sentir-se mais autoconsciente do volume crescente do seu corpo. Entretanto, também ficará surpresa, porque todos à sua volta acharão lindo o seu corpo com essas mudanças.

No estágio intermediário da gravidez, você sente mais instabilidade nos ligamentos e articulações em torno da pelve. Os seus músculos retos do abdome (ver p. 12) afastam-se para acomodar o crescimento do seu bebê.

A retenção hídrica é mais comum agora. Exercícios como a Caminhada Estática na Lua (ver p. 70) e Alongamento da Panturrilha (ver p. 76) melhoram a circulação, ajudando a reduzir as cãibras.

Você sentirá um aumento de energia, e nesse período os primeiros movimentos excitantes do seu bebê em sua barriga, ou os primeiros "chutes", serão perceptíveis.

Esta experiência fantástica lhe dará um novo pique! Tenha cuidado para não exagerar em suas atividades. Um equilíbrio entre relaxamento, exercícios e muito ar puro manterá seu desempenho físico, deixando-a em ótima forma.

ORIENTAÇÕES PARA O PERÍODO DE QUATRO A SEIS MESES

- Em qualquer exercício, não passe mais de três minutos deitada de costas. (Não é recomendável deitar-se na horizontal sem nenhum suporte por períodos prolongados, pois isso pode causar compressão da veia cava e comprometimento da circulação. O ideal é deitar-se de lado, sobre o lado direito, ou deitar-se de costas com o tronco elevado, por exemplo sobre dois travesseiros – Nota da Revisora Científica.)

- Sua barriga mais volumosa afetará seu senso de equilíbrio – mova-se com suavidade e evite a pressa, particularmente quando se colocar de pé depois de estar deitada ou sentada.

- Preste atenção à sua técnica e à sua postura. A qualidade do movimento é mais benéfica que a quantidade.

- Evite exercitar-se logo depois das refeições.

- Esvazie a bexiga antes de começar sua sessão de exercícios de Pilates – você se sentirá mais confortável e não precisará interromper o programa.

- Manter os músculos do abdome fortalecidos nesse período ajudará no restabelecimento dos músculos retos do abdome algumas semanas após o parto.

- Interrompa os exercícios realizados de bruços, porque serão desconfortáveis a partir de agora. A Sessão para o Estágio Intermediário da Gravidez tem exercícios alternativos para trabalhar as costas.

- Se você sentir tontura ou vertigem, deite-se sobre o lado esquerdo do corpo e repouse até recuperar-se. Mantenha uma almofada grande por perto, para poder relaxar confortavelmente.

- Pratique seus exercícios para o assoalho pélvico todos os dias. Sempre que você utilizar água (para beber, se lavar, lavar louça, etc.), use isto como um lembrete para contrair os músculos dessa região.

- O aumento em seu ventre exigirá um apoio maior por seus músculos abdominais. Contraia a musculatura abdominal regularmente, mesmo quando estiver caminhando ou na fila do supermercado. Sinta seus músculos abdominais envolvendo e levantando o seu bebê.

- Ao exercitar-se, execute apenas o número de repetições que lhe pareça confortável. Não exagere!

- Mantenha-se bem hidratada e beba um volume adicional de líquidos após exercitar-se.

- Se você é iniciante no método Pilates, é melhor aguardar até este estágio da gestação para começar o programa. Agora você deve estudar os Fundamentos do Pilates (ver p. 25-41) e fazer os exercícios da Sessão para o Estágio Inicial da Gravidez (ver p. 43-63), excluindo os dois exercícios realizados de bruços: Natação e A Pipa. Depois, você estará pronta para iniciar a Sessão para o Estágio Intermediário da Gravidez.

VISÃO GERAL DA SESSÃO DE EXERCÍCIOS PARA O ESTÁGIO INTERMEDIÁRIO DA GRAVIDEZ

Execute toda a Sessão para o Estágio Intermediário da Gravidez pelo menos três vezes por semana. Prepare-se sempre, mobilizando o corpo suavemente, usando o programa de aquecimento abaixo. Isso lhe dará vários minutos para aumentar sua conscientização corporal, concentrar-se e despertar seu corpo. A concentração é fundamental. Livre sua mente dos assuntos corriqueiros e dê esse tempo para você!

VISÃO GERAL DO AQUECIMENTO

Os exercícios de aquecimento foram extraídos da seção Fundamentos do Pilates (ver p. 25-41).
Execute-os na ordem indicada abaixo:

Respiração com Flexão do Pescoço e Inclinação da Cabeça para Baixo página 29

Estabilizador Postural de Joelhos página 35

Elevações e Abaixamentos dos Ombros página 39

Círculos com os Braços página 39

Inclinações Laterais de Cabeça página 41

Rotações de Cabeça página 41

Agora você está aquecida e pronta para iniciar a Sessão de Exercícios para o Estágio Intermediário da Gravidez. Estude a "Visão geral da seqüência de exercícios", depois aprenda os exercícios.

ESTÁGIO INTERMEDIÁRIO DA GRAVIDEZ

VISÃO GERAL DA SEQÜÊNCIA DE EXERCÍCIOS

Caminhada Estática na Lua página 70

O Gênio página 71

Remo na Posição Sentada página 72

Mobilizador de Ombros página 74

Agachamento do Esquiador página 75

Alongamento da Panturrilha página 76

Onda da Coluna página 77

Supermulher página 78

Oito com os Braços página 80

Expansor Torácico página 81

O Gato página 82

Relógio com as Pernas página 84

Extensão da Região Lombar Superior Página 85

ALTERNATIVA

Se você desejar variedade, poderá executar a Sessão para o Estágio Intermediário da Gravidez duas vezes por semana, em vez das três vezes recomendadas. Substitua a terceira sessão pelos exercícios a seguir, que foram selecionados da Sessão para o Estágio Inicial da Gravidez.

Realize sempre o aquecimento (ver p. 68), antes de cada sessão.
Pressionamento de Parede página 48
Extensão dos Braços sobre a Cabeça página 49
Deslizamentos na Parede: Primeira Posição de *Pliês* página 50
Rosca página 52

Fortalecimento do Tríceps página 53
Portas de Celeiro página 54
Joelhos Flexionados página 55
A Concha página 58
Aperto de Bola página 61
Mobilizador do Tornozelo na Posição Sentada página 62
Relaxamento dos Músculos da Coluna e das Pernas página 63

CAMINHADA ESTÁTICA NA LUA

A Caminhada Estática na Lua, um exercício simples e muito benéfico, é muito útil para a circulação durante a gravidez. Este movimento fortalece os músculos dos pés, panturrilhas e coxas, com o benefício extra de prover maior equilíbrio e coordenação. A Caminhada Estática na Lua é um exercício revigorante para o estágio intermediário da gravidez e é ideal para motivá-la para a sua sessão.

Repetições: 20

DICAS

- Se você achar difícil manter o equilíbrio, segure o encosto de uma cadeira resistente para obter apoio.
- Mantenha os quadris nivelados, a pelve imóvel e evite quaisquer movimentos bruscos.
- Alongue-se a partir da coluna, concentrando-se em um bom alinhamento corporal e em movimentos lentos, controlados e fluidos.

1 Coloque-se de pé, com os pés afastados na largura dos quadris e paralelos. Relaxe os músculos do pescoço e dos ombros e olhe reto para a frente. Contraia os músculos abdominais e respire naturalmente durante todo o exercício. Levante o calcanhar esquerdo do chão, mantendo o tornozelo acima dos dedos médios dos pés e os joelhos voltados para a frente.

2 Agora, abaixe o calcanhar esquerdo, levantando simultaneamente o calcanhar direito. Continue transferindo seu peso de um pé para o outro sem mover os quadris de um lado para o outro. Repita.

O GÊNIO

O Gênio é um exercício que visa melhorar a mobilidade na área da região lombar superior. Você poderá sentir os músculos das costas se alongando suavemente enquanto executa este movimento de giro. Repousar os dedos nos cotovelos incentiva o relaxamento dos ombros e a ajuda a concentrar-se na estabilização das escápulas.

Repetições: 10 em cada lado

DICAS

- Mantenha os quadris voltados para a frente enquanto se vira.
- Sinta a amplitude do seu tórax durante a respiração e relaxe os ombros.
- Imagine um cabo de vassoura colocado ao longo de sua coluna, para ajudá-la a sentar-se ereta e alongar as costas.

1 Sente-se de pernas cruzadas sobre uma almofada, para que seu peso seja projetado para a frente em sua pelve. Repouse as pontas dos dedos nos cotovelos e um braço sobre o outro. Estique o corpo a partir do alto da cabeça, na direção do teto, e leve as escápulas suavemente para baixo. Inspire para preparar-se.

2 Enquanto expira, contraia os músculos abdominais e gire a parte superior do tronco para a esquerda. Mantenha o queixo alinhado com o centro dos braços. Inspire enquanto retorna à posição inicial. Repita no lado direito. Continue alternando entre os lados esquerdo e direito.

REMO NA POSIÇÃO SENTADA

Este superexercício realmente lhe permite sentir os músculos da região mediana das costas em alongamento, ao mesmo tempo em que ajuda a manter seus braços em ótima forma. Ele fortalece os músculos que você usará para tarefas como tirar seu bebê da cadeirinha dentro do carro e carregá-lo na sua frente. Manter esses músculos fortes também previne lesões decorrentes de todas as ações de levantar e carregar seu filho e evitará que você relaxe e adote hábitos de postura prejudiciais. Execute a versão padrão ou a variação – não ambos. Você precisará de uma faixa elástica para exercícios.

Repetições: 10

DICAS

- Cuidado: evite arquear suas costas. Lembre-se de usar os músculos do abdome e mantenha sua coluna em posição neutra.
- Se você não tiver uma faixa elástica para exercícios, execute o exercício visualizando a resistência ou usando uma faixa de pano.
- Imagine-se puxando os cotovelos para trás através de lama espessa.
- Mantenha o movimento baixo, relaxando o pescoço e os ombros.
- Puxe os cotovelos para trás em linha reta, paralelos um ao outro, como se estivessem sobre trilhos de trem.

1 Sente-se ereta sobre uma almofada, para que seu peso seja projetado para a frente em sua pelve, mantendo os joelhos paralelos e levemente flexionados. Coloque o centro da faixa sob a parte do meio das solas dos pés. Segure cada ponta da faixa com firmeza. Inspire para preparar-se, depois leve o umbigo na direção da coluna e alongue as costas para cima.

ESTÁGIO INTERMEDIÁRIO DA GRAVIDEZ

2 Expire e, mantendo os punhos retos com as palmas das mãos voltadas para dentro, leve os cotovelos para trás até sentir seus dedos mínimos tocarem as costelas inferiores. Mantenha por um segundo, unindo suavemente as escápulas, depois inspire e libere lentamente, retornando à posição inicial. Repita.

VARIAÇÃO

Para uma variação do exercício Remo na Posição Sentada, adote a mesma posição inicial, mas desta vez mantenha as palmas voltadas para cima, na direção do teto. Não flexione os punhos. Suas mãos devem permanecer nesta posição ao longo de todo o exercício. Execute o mesmo movimento de remada como descrito na etapa 2. Repita.

MOBILIZADOR DE OMBROS

Este exercício é tão bom que você desejará executá-lo todos os dias. Ele se concentra nos ombros, tórax e região lombar superior, prevenindo a tensão e rigidez nessas áreas e alongando suavemente os músculos de forma a promover relaxamento. Pratique-o regularmente, para favorecer a boa postura e evitar costas encurvadas e ombros caídos.

Repetições: 2 em cada lado

DICAS

- Mantenha a boa postura ao longo de todo o exercício e evite arquear a região lombar inferior.
- Mantenha relaxado o ombro do braço levantado.

1 Coloque-se de pé, com os pés paralelos e afastados na largura dos quadris. Olhe reto para a frente com seu queixo nivelado. Inspire, depois expire enquanto contrai os músculos abdominais. Inspire e alongue as costas enquanto leva seu braço direito suavemente acima da cabeça.

2 Inspire, depois expire enquanto dobra seu braço direito para trás e toca sua coluna o mais baixo possível com a mão. Inspire e leve sua mão esquerda para trás, de baixo para cima, tentando unir as pontas dos dedos de ambas as mãos. Mantenha por seis a oito segundos, respirando normalmente. Relaxe. Repita no outro lado.

VARIAÇÃO

Como variação, use uma toalha enrolada ou lenço, se as suas mãos não se tocarem. Leve sua mão de baixo gradativamente para cima, na toalha.

AGACHAMENTO DO ESQUIADOR

O agachamento é um movimento prático e funcional, que deve ser praticado durante os estágios intermediário e final da gestação. O Agachamento do Esquiador abre a pelve, preparando-a para o parto. Ele oferece um bom fortalecimento para os músculos glúteos e das coxas, além de ajudar a fortalecer os músculos das costas. As extensões combinadas dos braços são úteis para ajudá-la a concentrar-se na conexão entre ombro e escápula. Este é um exercício simples e eficaz, que você deve praticar regularmente.

DICAS

- Mantenha um bom alinhamento da cabeça e do pescoço.
- Enquanto se agacha, imagine o alto de sua cabeça alongando-se e afastando-se da área do cóccix.
- Flexione os joelhos diretamente sobre o centro de cada pé.

Repetições: 6–8

1 Coloque-se de pé, com os pés paralelos e afastados na largura dos quadris. Relaxe os músculos do pescoço e dos ombros. Inspire, enchendo as laterais e a parte de trás da caixa torácica e alongue completamente as costas.

2 Expire e contraia os músculos abdominais. Mantenha esta contração durante todo o exercício. Flexione os joelhos, inclinando-se a partir dos quadris e estenda simultaneamente ambos os braços para a frente no nível do tórax, até conseguir uma posição confortável de agachamento. Inspire, contraia os músculos glúteos e coloque-se na posição ereta, abaixando os braços enquanto endireita o tronco. Repita.

ALONGAMENTO DA PANTURRILHA

Este é um bom alongamento para os músculos das panturrilhas, especialmente quando encurtados, e auxilia a relaxar a região. Este é um exercício satisfatório para relaxamento, que pode ser executado a qualquer momento, quer você tenha caminhado demais, se exercitado ou simplesmente descoberto que suas panturrilhas estão mais propensas a cãibras. Panturrilhas bem alongadas também têm a vantagem de serem mais resistentes a lesões.

DICAS

- Pressione levemente os quadris contra a parede, para obter um bom alongamento.
- Mantenha joelhos, quadris e dedos dos pés voltados para a frente.
- Respire naturalmente ao longo de todo o exercício.
- Use este alongamento com a freqüência que desejar, no dia-a-dia.

Repetições: 1 em cada lado

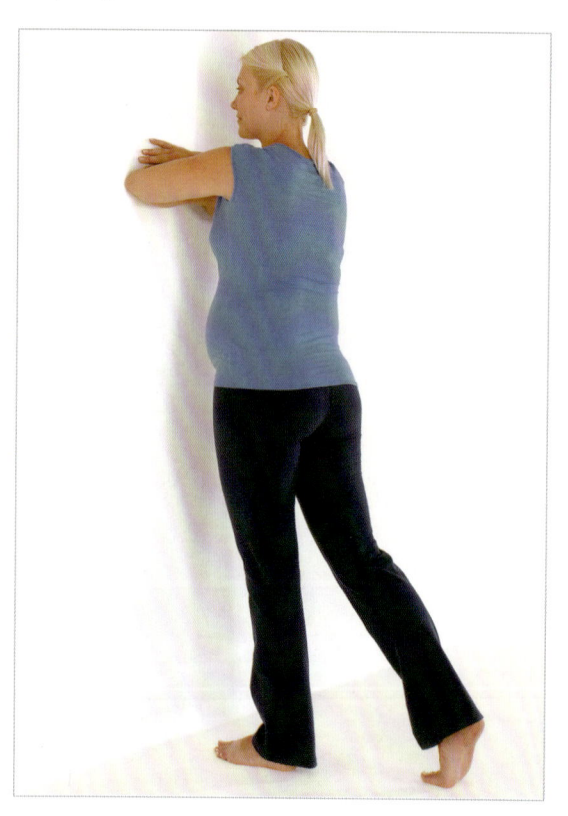

1 De frente para a parede, flexione os cotovelos e posicione as mãos e antebraços, perpendiculares aos ombros, contra a parede. Flexione o joelho esquerdo e posicione sua perna direita atrás de você, flexionando a ponta do pé e levantando o calcanhar. Contraia os músculos abdominais durante todo o movimento.

2 Agora, pressione o calcanhar direito no chão, deixando seu peso cair para a frente, em seus braços e fletindo o joelho esquerdo. Os dedos dos pés devem apontar para a frente. Mantenha esta posição por oito a dez segundos, sentindo o alongamento em sua panturrilha direita. Relaxe e depois repita no outro lado.

ONDA DA COLUNA

Este exercício fantástico mobiliza suas costas, liberando a tensão. A Onda da Coluna não apenas incentiva a mobilidade lombar, mas também exercita os músculos do assoalho pélvico e fortalece os músculos do abdome, além de fortalecer os músculos isquiotibiais, os músculos glúteos e a parte interna das coxas. Você precisará de uma bola macia ou toalha enrolada entre seus joelhos e de uma almofada plana sob sua cabeça, para sentir-se confortável.

Repetições: 6–8

DICAS

- Visualize cada parte de sua coluna, enquanto levanta o tronco. Enquanto abaixa o tronco, imagine que sua coluna é o pneu de um carro deixando sua marca no tapete.
- Levante do tapete apenas a parte inferior da coluna.
- Mantenha todos os seus movimentos mínimos e controlados.
- Inicie o movimento contraindo os músculos abdominais.

1 Deite-se de costas com os joelhos flexionados, pés firmes no chão e afastados na largura dos quadris. Coloque a bola entre os joelhos. Posicione os braços nas laterais do corpo, com as palmas voltadas para baixo. Mantenha os ombros relaxados durante todo o exercício. Inspire, enchendo as laterais e a parte de trás da caixa torácica e alongue completamente a coluna.

2 Expire, pressionando levemente a bola com os joelhos, enquanto contrai os músculos do assoalho pélvico e do abdome. Contraia os músculos glúteos e levante seu cóccix lentamente do chão, vértebra por vértebra, erguendo-o tanto quanto lhe parecer confortável. Inspire, mantenha a posição por um segundo e depois expire, enquanto baixa lentamente até a posição inicial.

SUPERMULHER

O exercício denominado Supermulher é excelente para fortalecer os músculos da região lombar inferior e é uma variação do exercício de Natação (ver p. 56), usado no estágio inicial da gravidez. Este eficaz exercício, que trabalha com todo o corpo, concentra-se mais na região inferior, média e superior dos músculos de sustentação da postura (coluna vertebral) e usa os músculos glúteos, os profundos da pelve e os abdominais inferiores para ajudá-la na estabilização e equilíbrio. Comece com a versão apenas para os braços (etapas 1 e 2), antes de avançar para a versão apenas para as pernas (etapa 3). Quando conseguir executar as duas versões confortavelmente, avance para a combinação de braços e pernas (etapa 4).

Repetições: 6 de cada versão

DICAS

- Ao levantar o braço e/ou a perna, não transfira seu peso corporal para o lado de apoio.
- Evite levantar ou deixar cair os quadris.
- Imagine que suas costas são o tampo de uma mesa com um copo de água sobre ela. Não a deixe derramar!
- Evite transferir seu peso corporal para um dos lados.
- Tente visualizar seus músculos abdominais inferiores envolvendo seu bebê.

1 Para a versão apenas para os braços, apóie no chão as mãos, alinhadas com os ombros, e os joelhos, afastados na largura dos quadris e alinhados com os quadris. Com as costas em posição de coluna neutra, alongue o alto de sua cabeça afastando-a da área do cóccix e abaixe os ombros, afastando-os das orelhas. Olhe para o chão.

ESTÁGIO INTERMEDIÁRIO DA GRAVIDEZ

2 Inspire, enchendo as laterais e a parte de trás da caixa torácica. Expire, contraindo os músculos abdominais, e estenda e levante o braço direito, com a palma da mão voltada para baixo, até deixá-lo paralelo com o chão. Inspire e volte à posição inicial. Repita com o braço esquerdo.

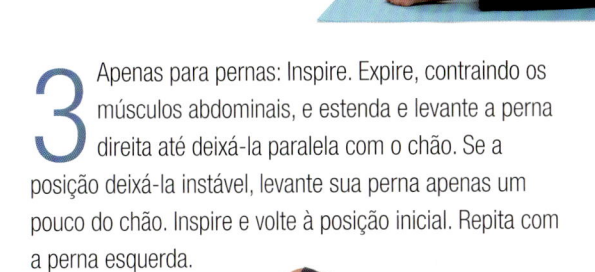

3 Apenas para pernas: Inspire. Expire, contraindo os músculos abdominais, e estenda e levante a perna direita até deixá-la paralela com o chão. Se a posição deixá-la instável, levante sua perna apenas um pouco do chão. Inspire e volte à posição inicial. Repita com a perna esquerda.

4 Combinação de braço e perna: Inspire. Expire, contraindo os músculos abdominais, e estenda e levante simultaneamente o braço direito e a perna esquerda até deixá-los paralelos com o chão. Mantenha o pescoço alongado. Inspire e volte lentamente à posição inicial. Repita com o braço esquerdo e a perna direita.

OITO COM OS BRAÇOS

Este excelente exercício realmente ajuda a fortalecer a área de trás dos braços, que tende à flacidez. Ele esculpe toda a parte superior do braço e modela os ombros, gerando definição. É muito fácil e não exige equipamento. O exercício é um movimento adaptado das aulas de dança e a ajudará a firmar e definir braços flácidos e caídos em pouco tempo.

Repetições: 10

DICAS

- Mantenha os ombros para baixo e afastados das orelhas.
- Garanta que suas palmas estão voltadas na direção correta, uma vez que isso é crucial para a obtenção do efeito de fortalecimento.

1 Coloque-se de pé, com os braços relaxados nas laterais do corpo e os pés afastados na largura dos quadris. Contraia os músculos abdominais e alongue o alto de sua cabeça na direção do teto. Inspire, cruzando os braços estendidos na frente do corpo, com as palmas levemente separadas e de frente uma para a outra.

2 Vire as palmas para cima. Expire enquanto leva os dois braços para fora e levemente para trás do seu corpo, sem forçá-los. Inspirando, vire as palmas das mãos para trás enquanto leva os braços novamente para a frente do corpo. Imagine seus braços desenhando um "8 deitado". Repita.

EXPANSOR TORÁCICO

Este movimento reduz o acúmulo de tensão nos músculos dos ombros e região lombar superior e ajuda a melhorar a sua postura. Ele produz um agradável alongamento e uma sensação de abertura de toda a área torácica. Praticado regularmente, ajuda a combater ombros encurvados e previne o encurtamento dos músculos peitorais. Execute-o quando tiver permanecido muito tempo na frente do computador ou sentada.

DICA
- Se você achar desconfortável prender as mãos atrás do corpo, segure uma toalha enrolada entre as palmas, com as mãos separadas de 5 a 7,5 cm.

Repetições: 1

1 Coloque-se de pé, ereta, com os pés afastados na largura dos quadris e com o peso do corpo distribuído igualmente entre os dois pés. Relaxe os músculos dos ombros, do pescoço e da mandíbula. Leve as mãos para trás, na região lombar inferior, e suavemente segure uma mão com a outra, sem entrelaçar os dedos.

2 Inspire, enchendo as laterais e a parte de trás de sua caixa torácica. Expire e contraia os músculos abdominais, mantendo boa postura e levantando os braços levemente para cima e para trás. Deixe seus ombros relaxarem e se abrirem e olhe reto para a frente. Respire naturalmente e mantenha por seis a oito segundos. Abaixe lentamente os braços e relaxe.

O GATO

Ao praticar este exercício, visualize o alongamento sinuoso, sensual e profundamente satisfatório de um gato. Este é um excelente movimento para melhorar a mobilidade da coluna vertebral e pode aliviar dores lombares. O crescente aumento no peso do seu bebê pode forçá-la a encurvar a coluna. Apoiar as mãos e os joelhos no chão, como mostrado abaixo, previne isso, aliviando a pressão em sua região lombar inferior.

Repetições: 3–5

DICAS

- Visualize o alongamento percorrendo sua coluna, mantendo o movimento suave e controlado.
- Relaxe os ombros, para que não se levantem na direção das orelhas.
- Evite travar os cotovelos – mantenha-os soltos.
- Nunca encurve a coluna. Sempre comece e termine o exercício com a coluna em posição neutra.
- Mantenha seu peso igualmente distribuído entre as duas mãos.

1 Apóie no chão as mãos, alinhadas com os ombros, e os joelhos, afastados na largura dos quadris e alinhados com os quadris. Olhe para o tapete. Alongue o alto da sua cabeça, afastando-a de seu cóccix, e mantenha uma posição de coluna neutra. Deslize suavemente suas escápulas para baixo.

ESTÁGIO INTERMEDIÁRIO DA GRAVIDEZ

2 Inspire, enchendo as laterais e a parte de trás da caixa torácica. Expire e contraia os músculos abdominais. Inicie o movimento alongando a partir do cóccix. Depois, alongue lentamente para cima, por toda a coluna, a partir do cóccix, vértebra por vértebra, até o pescoço e a cabeça. Quando o alongamento chegar ao seu pescoço, aponte o topo da sua cabeça para o chão. Inspire. Iniciando pelo cóccix, relaxe lentamente sua coluna, deslizando as escápulas para baixo enquanto volta à posição inicial com a coluna neutra.

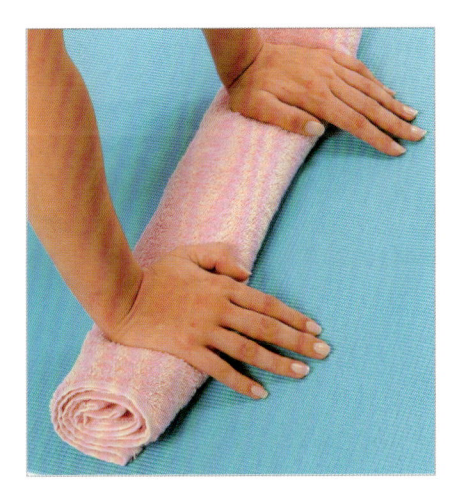

VARIAÇÃO

Se este exercício sobrecarregar os seus punhos ou se você sofre de síndrome do túnel do carpo, tente apoiar a parte das mãos próxima aos punhos em uma toalha enrolada. Isso ajuda a reduzir a angulação dos seus punhos. Quando seu bebê estiver maior em seu útero, talvez você prefira simplesmente respirar nessa posição – com as mãos e os joelhos apoiados no chão; nesse caso, pratique o Estabilizador Postural de Joelhos (ver p. 35).

RELÓGIO COM AS PERNAS

Esta é uma posição excepcionalmente confortável para exercitar-se, quando o peso do seu bebê tiver aumentado. O exercício Relógio com as Pernas reproduz um movimento semelhante ao usado por bailarinas, no qual as pernas executam círculos, mas aqui usamos círculos pequenos e controlados, que não apenas firmam os músculos glúteos, mas também fortalecem as partes interna e externa das coxas – um movimento perfeito para aquelas áreas difíceis de alcançar durante a gravidez.

DICAS
- Mantenha os quadris voltados para a frente.
- Coloque uma almofada entre a cabeça e o braço.
- O ombro do braço de apoio deve permanecer relaxado.

Repetições: 5 no sentido horário, 5 no sentido anti-horário em ambos os lados

1 Deite-se sobre seu lado esquerdo, com os quadris exatamente alinhados um com o outro. Posicione corretamente o corpo, formando uma linha imaginária que percorre sua orelha, o meio do seu ombro, seu quadril e tornozelo. Estenda o braço esquerdo acima da cabeça, com a palma virada para cima, e apóie o braço direito na sua frente.

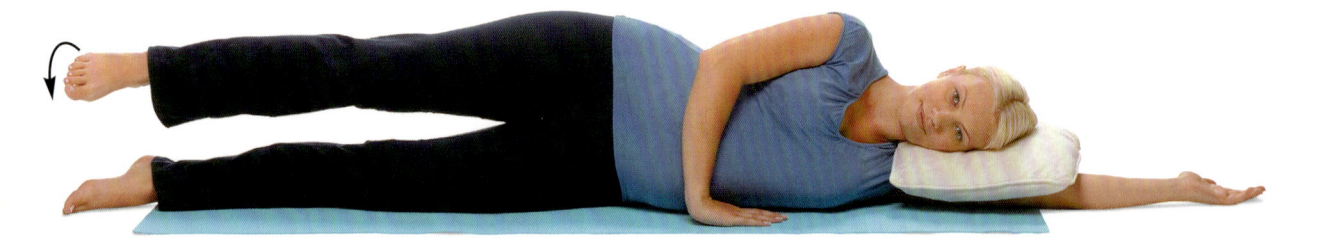

2 Inspire. Expire e contraia os músculos abdominais. Levante lentamente sua perna direita, erguendo seu pé até a altura do quadril. Respirando naturalmente, desenhe cinco círculos compactos com seu pé nos sentidos horário e anti-horário. Repita no outro lado.

EXTENSÃO DA REGIÃO LOMBAR SUPERIOR

À medida que sua barriga aumentar, você não poderá mais deitar-se confortavelmente de bruços, mas tarefas cotidianas, como aspirar a casa ou cuidar do jardim, exigirão que você se curve. Equilibre essa flexão constante com este exercício que expande o tórax e alonga a região lombar superior, sem trabalhar a região lombar inferior.

Repetições: 4–8

DICAS
- Evite levantar muito o queixo.
- Sua caixa torácica não deve projetar-se para a frente. Contraia os músculos abdominais durante todo o movimento.

1 Sente-se ereta em uma almofada com os joelhos flexionados, os pés planos no chão e a uma distância confortável um do outro. Posicione as pontas dos dedos das mãos no chão, nas laterais do corpo. Inspire e alongue-se para cima, esticando a coluna.

2 Expire e contraia os músculos abdominais, levantando a parte superior do tórax para cima, deslizando simultaneamente as escápulas para baixo. Permita que sua linha de visão siga um trajeto natural, desde reto para a frente até o alto da parede. Mantenha a posição enquanto inspira. Expirando, baixe lentamente até a posição inicial. Repita.

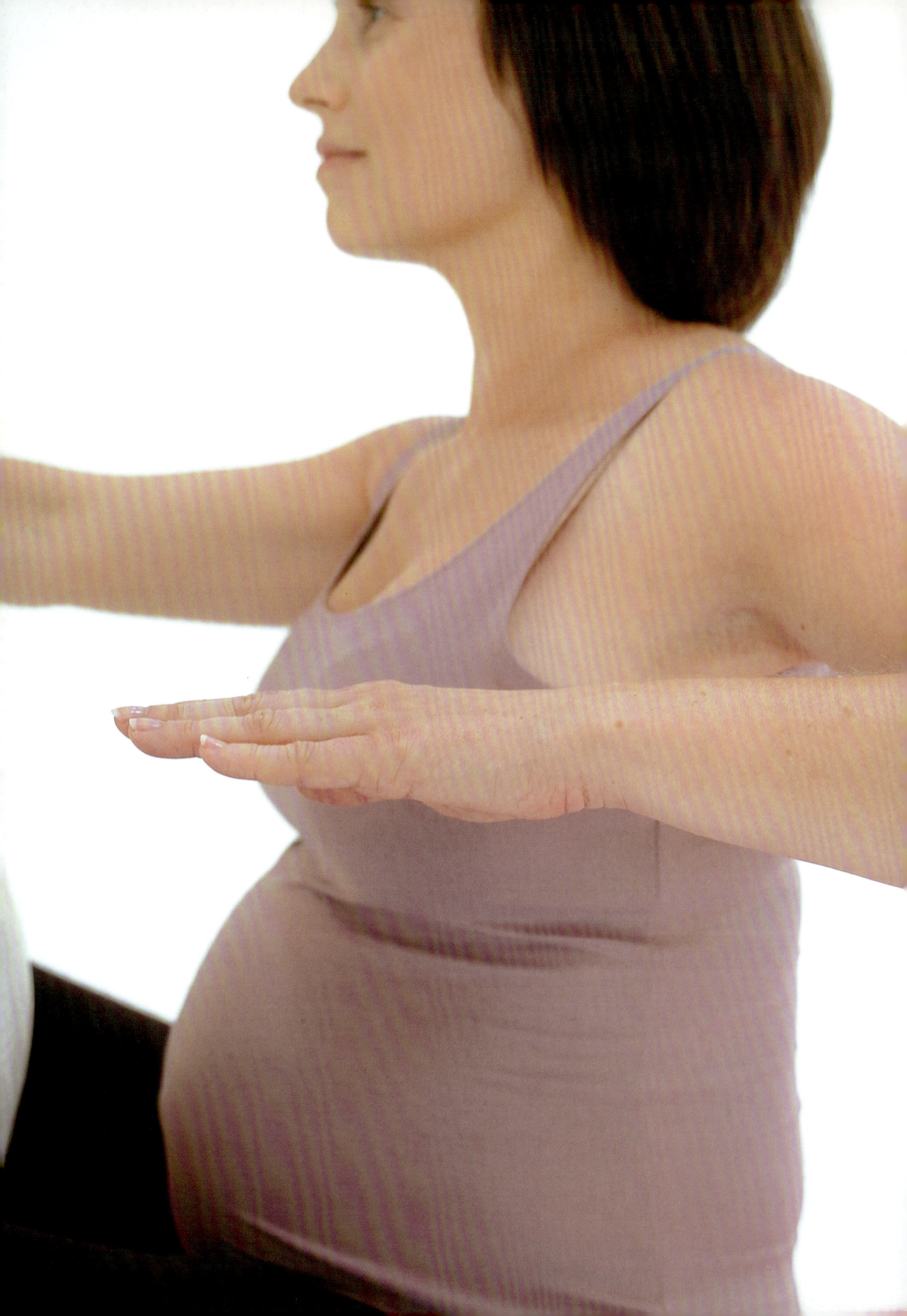

ESTÁGIO FINAL DA GRAVIDEZ

SETE A NOVE MESES

MUDANÇAS EM SEU CORPO

Agora, seu bebê já está bem crescido e acomodado mais confortavelmente dentro do seu útero. Isso pode ser aconchegante para ele, mas você se sente mais desajeitada e desconfortável, enquanto experimenta um ganho de peso constante até o fim da gestação, por volta da 36ª semana.

As mudanças na sua postura e na sua forma de caminhar estão mais acentuadas, e esta é a época mais comum para sofrer dores e desconforto na região lombar. Seus níveis hormonais mantêm as articulações mais frouxas, o que torna ainda mais importante o alinhamento corporal e a postura correta. Por volta da 28ª semana em diante, suas mamas podem começar a eliminar colostro, e talvez você sinta as primeiras contrações.

A expansão em seu útero pode causar pressão contra o diafragma, gerando falta de ar. Os padrões de respiração do método Pilates que você aprendeu certamente deverão aliviar esses sintomas.

Muitas mulheres têm a concentração reduzida e a memória de curto prazo parece pior do que nunca. Com as alterações nos seus níveis hormonais e a mente fixa em seu bebê, isso não deveria surpreender!

Agora, você ingressa em um período precioso de preparação. Use-o com bom senso. Reserve alguns momentos especiais para dar-se ao luxo de dedicar atenção a você mesma. Faça algo para agradar-se e volte sua mente para a chegada do seu novo bebê.

ORIENTAÇÕES PARA O PERÍODO DE 7 A 9 MESES

- A cada consulta pré-natal com seu médico, confirme se ainda pode continuar com seus exercícios do método Pilates.

- Evite apressar-se em cada transição dos exercícios. Após praticar um exercício deitada, levante-se devagar e cuidadosamente (veja p. 18-19). Não exagere, não se canse demais nem fique sem fôlego.

- Evite exercitar-se logo após as refeições. Isso é especialmente importante para prevenir azia e indigestão.

- Esvazie a bexiga antes de começar sua sessão de Exercícios de Pilates – você se sentirá mais confortável e não precisará interromper seu programa.

- Se tiver contrações ao exercitar-se, pare se estiver desconfortável. Embora essas contrações não sejam prejudiciais, elas podem incomodar.

- Faça os exercícios para o assoalho pélvico todos os dias. Tente usar cada momento em que utiliza água como um lembrete ou estímulo. A Liberação em Diamante, na p. 96, é particularmente útil como preparação para o parto.

- Esteja consciente quanto à sua postura. Permaneça ereta, caminhe com bom porte e contraia os músculos abdominais. Os exercícios de postura do método Pilates selecionados para o estágio final da gravidez visam exercitar os músculos entre as escápulas, para prevenir ombros encurvados e fortalecer os músculos da região lombar média.

- Ao executar exercícios no chão, sente-se sobre uma almofada ou bloco rígido de espuma.

- Exercícios que promovem melhora na circulação, como Mobilizador do Tornozelo na Posição Sentada na p. 62, Caminhada Estática na Lua na p. 70, e Flexão de Joelhos e Calcanhar na p. 95, devem ser praticados regularmente.

- Alongamentos para os músculos das panturrilhas são ótimos e ajudam a prevenir cãibras. Use o Alongamento da Panturrilha na p. 76 e a versão na posição sentada, na p. 100.

- Preste atenção em sua técnica e postura. Tenha em mente que a qualidade do movimento é mais benéfica que a quantidade.

- Para preparar-se melhor para o parto, pratique Agachamento na Parede, na p. 102. Nesta posição, a pelve se abre e a cabeça do bebê faz pressão para baixo. Próximo ao trabalho de parto, este movimento é muito útil.

- Evite exercícios consecutivos de pé ou manter alongamentos por tempo maior que o recomendado em cada posição.

- Se você tem inchaço nos dedos ou mãos, o uso do Mobilizador da Mão na p. 103 ajudará a aliviar este problema.

- Se algo doer, PARE. Este é o modo do seu corpo dizer que há algo errado.

VISÃO GERAL DA SESSÃO DE EXERCÍCIOS PARA O ESTÁGIO FINAL DA GRAVIDEZ

Execute a Sessão para o Estágio Final da Gravidez três vezes por semana, ou pelo menos uma vez por semana, quando combinada com duas outras sessões de exercícios (ver p. 92-93). Prepare-se sempre mobilizando o corpo suavemente, usando o programa de aquecimento abaixo. Isto lhe dará alguns minutos para aumentar sua autopercepção, concentrar-se e despertar seu corpo. Concentrar-se é fundamental. Livre sua mente dos assuntos corriqueiros e faça deste o seu momento.

VISÃO GERAL DO AQUECIMENTO

Os exercícios de aquecimento foram extraídos da seção Fundamentos do Pilates (ver p. 25-41). Execute-os na ordem indicada abaixo:

Respiração com Flexão do Pescoço e Inclinação da Cabeça para Baixo página 29

Estabilizador Postural de Joelhos página 35

Elevações e Abaixamentos dos Ombros página 39

Círculos com os Braços página 39

Inclinações Laterais de Cabeça página 41

Rotações de Cabeça página 41

Agora você está aquecida e pronta para começar a Sessão para o Estágio Final da Gravidez. Estude a "Visão Geral da Seqüência de Exercícios", depois aprenda a executá-los.

VISÃO GERAL DA SEQÜÊNCIA DE EXERCÍCIOS

Braços de Moinho de Vento
página 94

Flexão de Joelhos e Calcanhar
página 95

Liberação em Diamante
página 96

Estabilizador Postural de Lado
página 97

Puxando o Arco
página 98

Rosca 2
página 99

Alongamento da Panturrilha na Posição Sentada
página 100

Elevação Lateral dos Braços
página 101

Agachamento na Parede
página 102

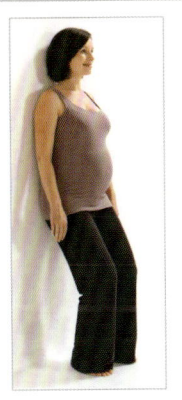

Mobilizador da Mão
página 103

Aperfeiçoador de Postura na Posição Sentada página 104

Extensão do Tríceps Deitada de Lado
página 106

Relaxamento da Coluna
página 107

SESSÃO ALTERNATIVA

Agora, você terá como escolher os exercícios do método Pilates que deseja executar e uma oportunidade de selecionar seu próprio conjunto favorito de programas de exercícios. Nesse ponto, você poderá sentir-se volumosa e desengonçada e poderá cansar-se com mais facilidade; assim, mantenha-se motivada e estimulada, montando um plano equilibrado a partir das sugestões a seguir. Confira com seu médico se ainda pode exercitar-se e tenha em mente que cada sessão a deixa mais saudável e forte em preparação para a chegada do seu bebê. Lembre-se também de que você voltará à antiga forma muito mais rapidamente após o parto se começar a se exercitar agora.

A seguir, são apresentadas duas opções de sessões baseadas nos exercícios que você já executou. Você pode alternar e combinar sessões, desde que pelo menos uma das sessões semanais seja a Sessão para o Estágio Final da Gravidez (ver p. 91). Porém, não misture exercícios de sessões diferentes, porque cada programa é balanceado. Mas você pode, por exemplo, executar a Primeira Sessão em um dia, descansar um dia e depois executar a Segunda Sessão; repousar por mais um dia e depois executar a Sessão para o Estágio Final da Gravidez para completar suas três sessões de exercícios para a semana. Você também pode decidir executar todas as três sessões semanais usando a Sessão para o Estágio Final da Gravidez – a escolha é sua. Prepare-se sempre mobilizando o corpo suavemente, usando os seis movimentos de aquecimento apresentados na seção Fundamentos do Pilates (ver p. 25-41) que esteve praticando antes de começar as suas sessões. Eles são mostrados novamente na p. 90. Execute-os na ordem indicada.

ESTÁGIO FINAL DA GRAVIDEZ

PRIMEIRA SESSÃO

Caminhada Estática na Lua	página 70
Extensão dos Braços sobre a Cabeça	página 49
Agachamento do Esquiador	página 75
Alongamento da Panturrilha	página 76
Remo na Posição Sentada	página 72
Liberação em Diamante	página 96
Onda da Coluna	página 77
Estabilizador Postural de Lado	página 97
Supermulher	página 78
Relógio com as Pernas	página 84
Fortalecimento do Tríceps	página 53
Mobilizador de Ombros	página 74
Relaxamento dos Músculos da Coluna e das Pernas	página 63

SEGUNDA SESSÃO

Caminhada Estática na Lua	página 70
O Gênio	página 71
Extensão dos Braços sobre a Cabeça	página 49
Agachamento na Parede	página 102
Liberação em Diamante	página 96
Alongamento da Panturrilha na Posição Sentada	página 100
Estabilizador Postural de Lado	página 97
O Gato	página 82
A Concha	página 58
Aperfeiçoador de Postura na Posição Sentada	página 104
Extensão do Tríceps Deitada de Lado	página 106
Extensão da Região Lombar Superior	página 85
Mobilizador da Mão	página 103

BRAÇOS DE MOINHO DE VENTO

Este exercício ajudará a melhorar sua postura e permitirá que você se concentre na liberação da tensão nos músculos do pescoço e dos ombros. Como o nome sugere, o movimento fluido e relaxado dos seus braços simula as pás de um moinho de vento. O exercício Braços de Moinho de Vento proporciona uma introdução excelente para a sua Sessão para o Estágio Final da Gravidez.

Repetições: 8–10

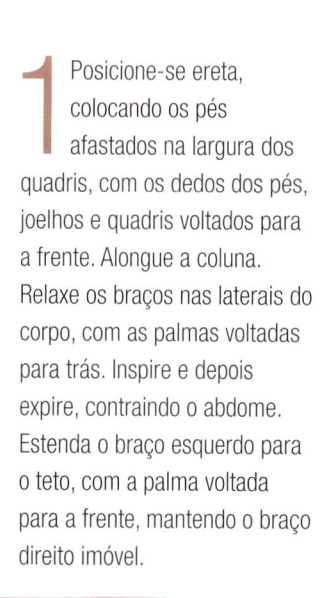

DICAS

- Contraia os músculos abdominais durante todo o exercício.
- Evite encurvar as costas.
- Relaxe os músculos do pescoço e mantenha as escápulas para baixo.

1 Posicione-se ereta, colocando os pés afastados na largura dos quadris, com os dedos dos pés, joelhos e quadris voltados para a frente. Alongue a coluna. Relaxe os braços nas laterais do corpo, com as palmas voltadas para trás. Inspire e depois expire, contraindo o abdome. Estenda o braço esquerdo para o teto, com a palma voltada para a frente, mantendo o braço direito imóvel.

2 Inspire e abaixe o braço esquerdo lentamente para a lateral do corpo, enquanto estende simultaneamente o braço direito para o teto. Seus braços devem passar um pelo outro no nível do tórax, com as palmas voltadas para baixo. Continue alternando os movimentos dos braços em uma ação suave e rítmica.

FLEXÃO DE JOELHOS E CALCANHAR

O exercício de Flexão de Joelhos e Calcanhar incorpora "falsos" agachamentos e elevações do calcanhar e aumenta a conscientização sobre o bom alinhamento corporal. Este exercício multifuncional aumenta a força dos músculos da frente das pernas, ajudando na estabilização dos joelhos e proporcionando um bom alongamento para as suas panturrilhas. Além disso, ajuda a melhorar a circulação.

> **DICAS**
> - Evite projetar as nádegas para trás.
> - Concentre-se em manter um bom equilíbrio e movimentos fluidos.

Repetições: 8–10

1 Posicione-se ao lado de uma cadeira firme, colocando os pés afastados na largura dos quadris e mantendo boa postura. Pouse uma das mãos no encosto da cadeira para obter apoio, se necessário. Inspire, inflando as laterais e a parte de trás da caixa torácica. Expirando, alongue a coluna e flexione os joelhos enquanto mantém os calcanhares apoiados no chão.

2 Inspire e endireite os joelhos. Expirando, alongue-se, projetando o alto da cabeça na direção do teto e levante-se nas pontas dos dedos dos pés. Projete o cóccix na direção do chão. Inspire e baixe até a posição inicial. Repita.

LIBERAÇÃO EM DIAMANTE

Este é um exercício para o seu assoalho pélvico e uma variação do exercício Diamante – Grande Elevação (ver p. 33), que ensinou como levantar e abaixar (contrair e relaxar) os músculos de seu assoalho pélvico como um elevador. O exercício de Liberação em Diamante abaixa a plataforma elevadiça além do térreo, até o porão! Praticá-lo agora é uma parte crucial da preparação para o parto. Tenha o cuidado de ir ao banheiro antes de começar, já que este exercício ensinará como relaxar completamente seu assoalho pélvico.

Repetições: 5–8

DICAS

- Este não é um movimento difícil, mas como ocorre com os outros exercícios para o assoalho pélvico, exige prática regular durante a preparação para o trabalho de parto e o parto propriamente dito.
- Seja perseverante: o exercício de Liberação em Diamante a ensinará a liberar o assoalho pélvico em estágios críticos.

Sente-se ereta em uma cadeira estável. Pouse as palmas das mãos sobre as coxas e coloque os pés planos sobre uma toalha dobrada, bloco de ioga ou lista telefônica, afastados na largura dos quadris. Pratique o exercício Diamante – Grande Elevação como antes, levando a plataforma elevadiça até o andar de cima. Ao liberar e voltar ao térreo, relaxe e então solte o "elevador" até o porão. Será preciso alguma prática para relaxar o suficiente para soltar-se por completo e permitir-se relaxar totalmente. Repita.

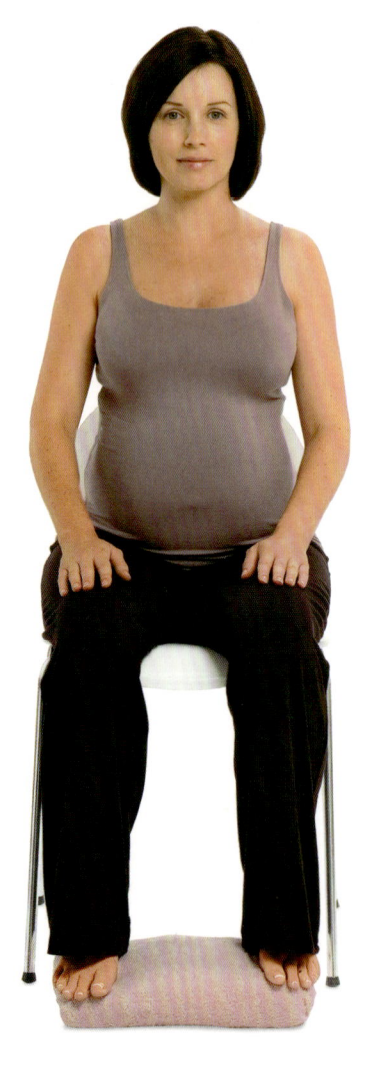

ESTABILIZADOR POSTURAL DE LADO

Uma variação do exercício Estabilizador Postural (ver p. 34), esta versão na postura deitada de lado é ideal para a prática nos estágios finais da gestação, para promover e melhorar a estabilidade da musculatura postural. Este exercício fortalece os músculos que estabilizam a coluna, região lombar inferior e pelve. Com você e seu bebê chegando à fase mais pesada da gravidez, torna-se ainda mais importante oferecer um bom apoio para a sua barriga e região lombar inferior.

DICAS

- Evite levantar o ombro do braço de apoio.
- Não deixe sua cintura encurvar-se para baixo.
- Durante este exercício, use duas ou três almofadas ou toalhas dobradas para apoio.

Repetições: 2–3

1 Deite-se de lado, com os quadris alinhados um com o outro. Endireite seu corpo da cabeça aos pés. Coloque uma toalha dobrada entre sua cabeça e seu braço esquerdo, outra por baixo da barriga e uma entre os joelhos. Apóie a mão direita no chão à sua frente, no nível da cintura.

2 Leve as pernas para a frente com os joelhos flexionados, até que suas coxas estejam em um ângulo de 45 graus em relação ao seu corpo. Inspire para preparar-se. Expire enquanto levanta (contrai) o assoalho pélvico e a musculatura abdominal. Respire normalmente e mantenha a contração abdominal por três a cinco respirações. Relaxe.

PUXANDO O ARCO

Este é um exercício delicado que ajuda você a praticar o alongamento de todo o corpo enquanto gira a coluna. Trabalhando os músculos da cintura, ele ajuda a abrir a parte superior do corpo, usando um movimento giratório lento e controlado. Execute este exercício sentada em uma almofada para maior conforto e segure outra almofada entre os joelhos.

DICAS
- Descarregue o peso do seu corpo sobre os ísquios e os pés.
- Deslize suas escápulas para baixo.

Repetições: 5 em cada lado

1 Sente-se ereta com os joelhos flexionados e os pés separados a uma distância confortável. Coloque uma almofada entre os joelhos para manter um bom alinhamento pélvico. Levante os braços na sua frente, na altura dos ombros, com as palmas voltadas para baixo.

2 Inspire, mantendo suas escápulas abaixadas e o pescoço relaxado. Agora, expire, contraindo os músculos abdominais. Inspire, flexionando o cotovelo direito para levar sua mão direita na direção do tórax, na ação de "puxar um arco para trás".

3 Agora, continue abrindo seu braço direito para estendê-lo diagonalmente atrás do seu corpo. Seus olhos devem seguir sua mão em movimento. Pressione os joelhos um contra o outro. Expire e traga seu braço em um arco amplo de volta à posição inicial. Repita quatro vezes e então troque de lado.

ROSCA 2

O exercício denominado Rosca 2 é uma variação da Rosca, exercício para o músculo bíceps (ver p. 52), com ênfase no fortalecimento e definição da parte externa dos braços. Ele dará uma aparência mais magra e longa aos seus braços, e braços definidos são mais atraentes! O Rosca 2 produzirá resultados invejáveis. Para este exercício, você precisará de halteres pesando cerca de 500 g ou 1 kg cada.

Repetições: 6–10

DICAS

- Evite travar os cotovelos enquanto endireita os braços.
- Não balance os braços enquanto levanta e abaixa, pois assim o impulso fará o exercício, em vez dos bíceps.

1 Fique de pé, ereta, segurando um haltere em cada mão. Posicione os cotovelos perto das laterais do corpo, com as palmas voltadas para dentro. Afaste os pés na largura dos quadris, com os joelhos levemente flexionados. Inspire, alongando sua coluna para cima.

2 Expire, contraindo os músculos abdominais e levantando os halteres na direção dos ombros. Mantenha os cotovelos próximos às laterais do corpo enquanto levanta e contrai os bíceps no alto do movimento. Inspire enquanto baixa lentamente até a posição inicial. Repita.

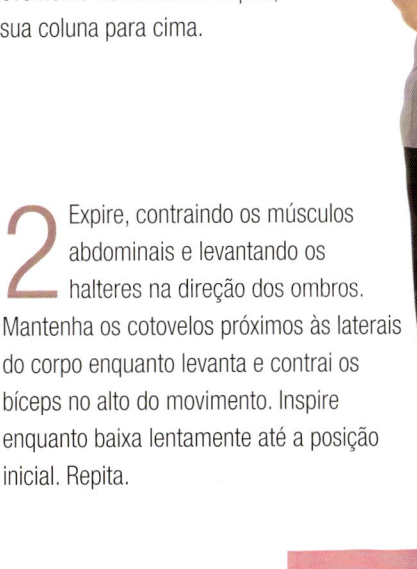

ALONGAMENTO DA PANTURRILHA NA POSIÇÃO SENTADA

Este é um exercício funcional, muito apropriado para os estágios finais da gravidez. Quando o risco de edema (retenção de líquidos) aumentar, o Alongamento da Panturrilha na Posição Sentada não apenas ajudará você a prevenir cãibras nas panturrilhas, mas também melhorará a amplitude de movimento em seus tornozelos e aliviará o cansaço e o inchaço nos pés. Um benefício adicional é a melhora na circulação das pernas.

Repetições: 8–10

DICAS

- Mantenha os músculos abdominais suavemente contraídos.
- Respire naturalmente ao longo de todo o exercício.
- Para este exercício, você precisará usar uma almofada grande.

1 Sente-se no chão, com as costas posicionadas contra a parede. Coloque uma almofada grande sob os dois joelhos, para melhor apoio. Empurre os calcanhares para fora e flexione os dedos para o teto. Mantenha por dois segundos.

2 Agora aponte os dedos para o chão e mantenha por dois segundos. Repita, flexionando alternadamente os dedos para cima e para baixo.

ELEVAÇÃO LATERAL DOS BRAÇOS

Este excelente exercício para os braços fortalece os músculos da parte mediana dos ombros. Com muitos levantamentos do bebê previstos no futuro, o fortalecimento dessa área é essencial. O músculo da parte mediana do ombro executa a tarefa de estabilização quando você está levantando objetos pesados e, com um bebê recém-nascido ganhando peso rapidamente, é melhor estar totalmente preparada. Selecione um haltere de 500 g para este exercício.

DICAS

- Se você começar a rolar para trás, posicione-se contra uma parede.
- Para evitar girar o ombro, mantenha a parte interna do seu braço voltada para baixo.
- Mantenha a musculatura abdominal contraída durante todo o exercício.

Repetições: 6–10 em cada lado

1 Deite-se de lado, com os quadris alinhados um com o outro. Endireite seu corpo da cabeça aos pés. Coloque uma almofada plana entre a cabeça e seu braço esquerdo, outra sob a barriga e uma entre os joelhos. Mantenha o haltere em sua mão direita, pousando sobre a parte externa de sua coxa direita.

2 Leve suas pernas à frente flexionando os joelhos até suas coxas estarem em um ângulo de 45 graus em relação ao seu corpo. Flexione levemente seu cotovelo esquerdo, mantendo-o alinhado com seu corpo. Inspire e então, expirando, levante lentamente o haltere, erguendo seu braço para formar um ângulo de 45 graus com seu corpo. Inspire enquanto baixa lentamente até a posição inicial. Repita. Mude de lado e exercite o outro braço.

AGACHAMENTO NA PAREDE

O Agachamento na Parede é um dos exercícios mais eficientes que você pode executar. Ele é ótimo para o fortalecimento completo dos músculos glúteos, das coxas e da região lombar inferior, além de alongar os músculos da panturrilha e melhorar sua postura. Este exercício ajuda você a concentrar-se no alongamento da parte inferior da coluna e no bom alinhamento pélvico. O agachamento também é benéfico para a pelve, em preparação para o parto.

DICAS

- Continue alongando o corpo do cóccix para cima.
- Mantenha os músculos abdominais contraídos durante todo o exercício.

Repetições: 6–10

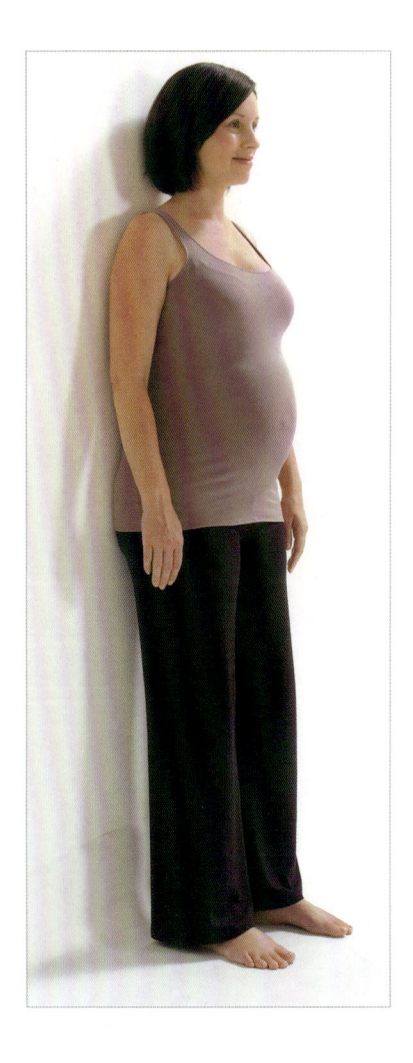

1 Fique de pé com as costas contra a parede, com cerca de 15 cm entre seus calcanhares e a parede. Coloque os pés afastados na largura dos quadris, com os joelhos e dedos dos pés voltados para a frente. Encoste-se na parede, sem pressionar a cabeça contra ela, e relaxe os ombros e pescoço.

2 Inspire, inflando as laterais e a parte posterior da caixa torácica. Expire, contraindo os músculos abdominais. Agora, respirando normalmente, flexione os joelhos e deslize um pouco para baixo contra a parede. Deslize suavemente para cima até a posição inicial. Observação: deslize apenas um pouco para baixo; caso contrário, não poderá levantar-se novamente!

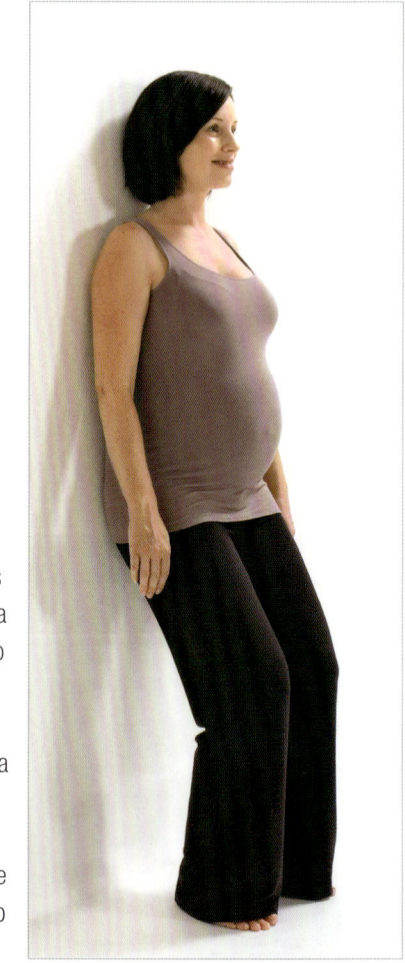

MOBILIZADOR DA MÃO

Este exercício ajuda a combater o efeito do acúmulo hídrico na gravidez. O edema geralmente manifesta-se na forma de inchaço nos pés e tornozelos, causado por retenção de líquido no corpo durante a gravidez. Entretanto, este problema também pode afetar as mãos e os punhos. Se os seus dedos incharem, este exercício simples e eficaz poderá ser executado em qualquer lugar.

DICAS
- Relaxe o pescoço e os ombros.
- Coloque um bloco de ioga ou toalha dobrada sob seus pés, se eles não tocarem totalmente o chão.

Repetições: 1 x manter por 8 segundos (primeira etapa), 8 (segunda etapa)

1. Sente-se ereta em uma cadeira e una as pontas dos dedos na sua frente, no nível do tórax. A parte das suas mãos próxima dos punhos não deve tocar uma na outra. Pressione as pontas dos dedos com firmeza umas contra as outras. Respire normalmente e mantenha a pressão por oito segundos. Libere e sacuda as mãos abaixo do nível da cintura, liberando a tensão.

2. Agora, flexione os braços nos cotovelos e, com as mãos na sua frente, gire um punho no sentido horário enquanto gira o outro punho simultaneamente no sentido anti-horário quatro vezes. Repita quatro vezes com cada punho na direção oposta.

APERFEIÇOADOR DE POSTURA NA POSIÇÃO SENTADA

O Aperfeiçoador de Postura é o exercício perfeito para trabalhar os músculos da região torácica. Este movimento suave reduz de forma eficaz a dor lombar, melhorando sua postura geral. Os benefícios são claramente visíveis. Se os seus pés não tocam o chão, coloque uma toalha dobrada, almofada firme ou bloco de ioga sob eles.

Repetições: 6

DICAS

- Olhe reto para a frente, mantendo o pescoço alinhado com a coluna.
- Enquanto contrai as escápulas, sinta os músculos entre elas contraindo-se também.

1 Sente-se ereta em uma cadeira, com os pés apoiados no chão, afastados na largura dos quadris. Mantenha os braços relaxados nas laterais do corpo. Imagine um cordão preso ao alto da sua cabeça, puxando-a para cima na direção do teto.

2 Inspire e depois expire, contraindo os músculos abdominais. Mantenha esta contração durante todo o exercício. Respirando normalmente, aproxime as escápulas com suavidade. Mantenha por três a quatro segundos, depois libere para a posição inicial. Repita.

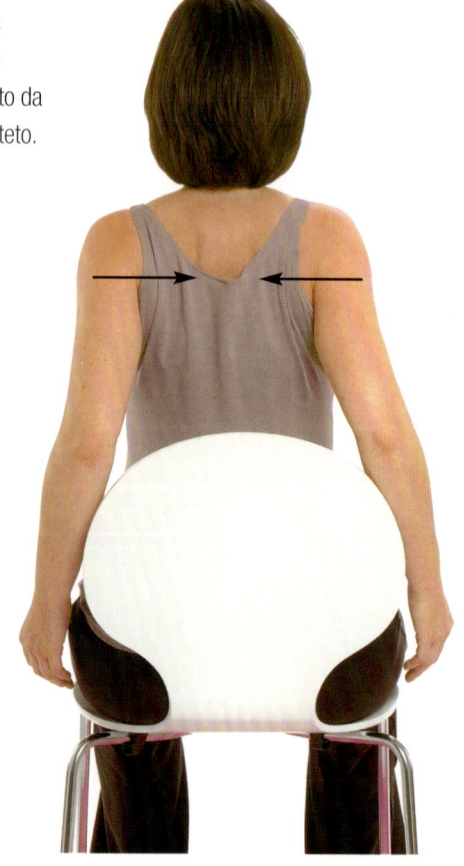

APERFEIÇOADOR DE POSTURA EM PÉ

A versão na posição em pé do Aperfeiçoador de Postura (primeira etapa) é especialmente útil para quando você estiver de pé na fila do caixa do supermercado ou do banco. Existe também uma variação simples (segunda etapa), que trabalha a mesma área, mas também permite que você trabalhe os grandes músculos nas laterais das suas costas, que estabilizam o tronco.

Repetições: 6 de cada etapa

DICAS

- Concentre-se em sentir os músculos grandes nas laterais das suas costas que estão sendo trabalhados.
- Mantenha seus antebraços paralelos e no mesmo nível enquanto os movimenta para trás e para a frente – não permita que caiam.

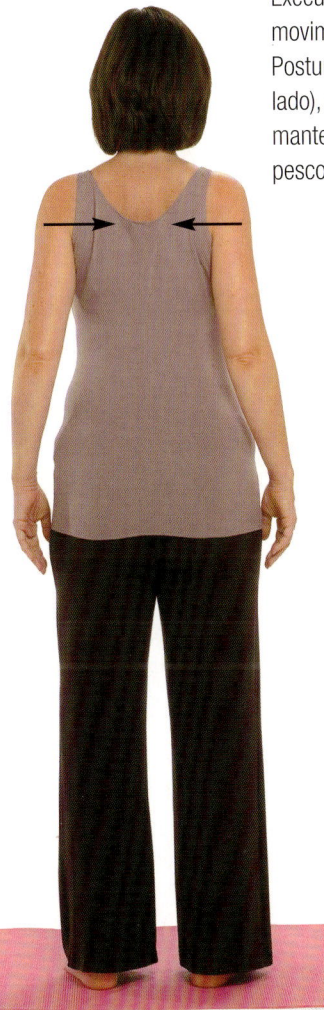

Execute exatamente os mesmos movimentos do exercício Aperfeiçoador de Postura na Posição Sentada (ver página ao lado), mas desta vez de pé. Lembre-se de manter os ombros descontraídos e o pescoço relaxado.

VARIAÇÃO

Como variação, fique de pé com boa postura, com os pés afastados na largura dos quadris e os joelhos e dedos dos pés para a frente. Levante os braços nas laterais do corpo, até o nível do ombro, depois flexione os cotovelos em um ângulo de 90 graus, com os antebraços paralelos e as palmas das mãos voltadas para baixo. Contraia os músculos abdominais e, respirando normalmente, leve os cotovelos para trás sem movimentar os ombros, e depois leve os braços de volta à posição inicial. Repita.

EXTENSÃO DO TRÍCEPS DEITADA DE LADO

Visando os músculos tríceps na parte posterior dos braços, este exercício é um modo confortável de trabalhar os músculos da parte superior dos braços. Ele fortalecerá braços flácidos, mantendo-os funcionalmente fortes para carregar e levantar seu bebê. Use almofadas para obter apoio e um haltere de 500 g.

Repetições: 6–10 em cada lado

DICAS

- Evite travar os cotovelos enquanto endireita os braços.
- Ao segurar um haltere, não flexione o punho.
- Mantenha os músculos abdominais contraídos durante todo o exercício.

1 Deite-se sobre seu lado esquerdo, com os quadris alinhados um com o outro. Endireite seu corpo da cabeça aos pés. Coloque uma toalha dobrada entre a cabeça e o braço esquerdo, uma almofada sob a barriga e outra entre os joelhos. Mantenha o haltere em sua mão direita, pousando-o sobre a parte externa da sua coxa direita.

2 Leve as pernas para a frente flexionando os joelhos até suas coxas estarem em um ângulo de 45 graus em relação ao seu corpo. Inspire e flexione o braço direito, posicionando sua mão ao lado da orelha, com o cotovelo apontando para o teto. Expire, contraindo os músculos abdominais, e levante o haltere na direção do teto. Inspire enquanto baixa até a posição inicial. Repita. Mude de lado e exercite o outro braço.

RELAXAMENTO DA COLUNA

O exercício Relaxamento da Coluna alonga a coluna, proporcionando um alongamento completo de toda a região das costas. Este exercício ajuda a liberar a pressão e alivia a tensão na região vertebral superior e inferior, auxiliando na abertura da pelve. Faça o Relaxamento da Coluna sempre que tiver dores lombares ou após uma sessão de exercícios ou dia cansativo. Você precisará de algumas almofadas grandes.

Repetições: 1

DICAS

- Descontraia todos os músculos e relaxe as articulações.
- Visualize-se deitada em areia morna, fundindo-se nela. Desfrute desta sensação relaxante.
- Talvez você possa descontrair-se mais escutando música relaxante.

1 Coloque algumas almofadas grandes no chão, na sua frente. Ajoelhe-se em outra almofada, mantendo os joelhos levemente separados, com os pés próximos às nádegas. Relaxe o pescoço e os ombros.

2 Posicione suas mãos no chão, na sua frente, e ande com as mãos na direção das almofadas. Posicione sua cabeça e braços sobre as almofadas e relaxe, virando a cabeça para o lado e alongando a coluna. Respire normalmente e mantenha por um minuto. Volte cuidadosamente à posição inicial.

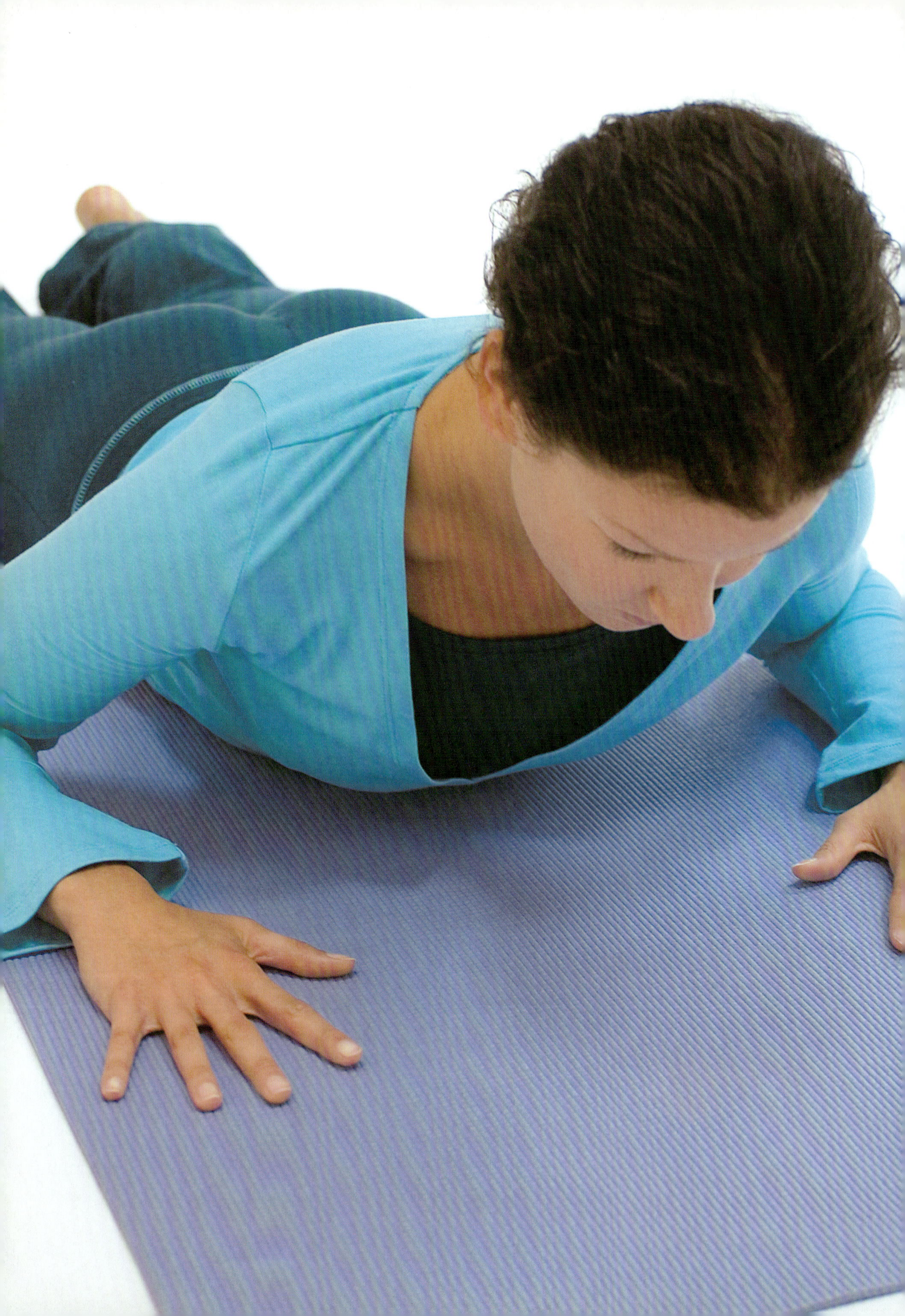

APÓS O PARTO

MUDANÇAS EM SEU CORPO

Parabéns! Seu bebê finalmente veio ao mundo. Suas próximas semanas como nova mamãe serão excitantes e intensas. Você começará a ajustar a sua vida para cuidar do novo membro da família, mas também deve reservar algum tempo para se cuidar.

Agora você está produzindo leite. A amamentação é, obviamente, o melhor para o seu bebê e ajuda na criação de um vínculo de apego entre vocês dois. Porém, inicialmente nem sempre esta é a experiência mágica que você imaginava. Você poderá ter aumento na sensibilidade dos mamilos e desconforto na região das mamas, causado por um aumento extra de tamanho enquanto suas mamas enchem-se de leite.

Logo após o parto, você poderá começar a sentir contrações no útero; levará cerca de seis semanas para voltar ao normal. Essas contrações geralmente são mais intensas durante a amamentação.

Apenas 24 horas após o parto você já deverá ser capaz de retomar os exercícios para o assoalho pélvico.

Se você teve parto por cesariana, também é importante começar a exercitar seu assoalho pélvico tão logo seja possível, desde que haja aprovação por parte do seu médico. Na primeira vez em que você se colocar de pé para exercitar-se, talvez a incisão abdominal da cesariana lhe pareça estranha. A sensação desconfortável pode levá-la a curvar as costas, na tentativa inconsciente de aliviar o desconforto na área que começa a cicatrizar. Pode ser difícil manter a boa postura neste estágio.

Naturalmente, as necessidades do seu bebê estarão em primeiro lugar, e talvez você negligencie sua própria saúde. Uma boa recuperação significa uma mamãe com mais energia e mais capacitada para lidar com as demandas do seu bebê.

ORIENTAÇÕES PARA AS PRIMEIRAS SEIS SEMANAS APÓS O PARTO VAGINAL

- Os exercícios iniciados no pós-parto até seis semanas após o parto vaginal são seguros, desde que seu médico os aprove.
- Os exercícios para o assoalho pélvico podem ser retomados 24 horas após o parto.
- Se você foi submetida a episiotomia ou sofreu uma ruptura do períneo, haverá pontos e alteração na sensibilidade do local. Consulte seu médico sobre o tratamento do tecido cicatricial.
- Você se cansará facilmente; portanto, não exagere. Aumente seu programa de exercícios gradualmente, uma vez que muitas das mudanças físicas decorrentes da gravidez ainda serão evidentes.
- Suas articulações ainda estarão frouxas e, portanto, potencialmente instáveis. Mantenha seus movimentos lentos e controlados. Evite alongamentos excessivos.
- Evite exercitar-se logo após as refeições.
- Esvazie a bexiga antes de começar sua sessão de exercícios de Pilates – você se sentirá mais confortável e não precisará interromper seu programa.
- Amamente seu bebê antes dos exercícios, para evitar o desconforto das mamas pesadas ou vazando, ou evitar interrupções por um bebê faminto e irritado.
- Preste atenção na sua técnica e na maneira como executa cada movimento. Tenha em mente que a qualidade do movimento é mais benéfica que a quantidade.
- Caminhadas diárias ajudarão a eliminar os quilos a mais, melhorarão seu condicionamento cardiovascular e darão a você e ao seu bebê os benefícios psicológicos de estar ao ar livre.
- Se você teve síndrome do túnel do carpo durante a gravidez, isso ainda poderá incomodá-la. Use uma toalha enrolada sob os punhos ao executar exercícios que aplicam pressão nessa região. Quando sair com seu bebê, tente colocar suas mãos nas laterais da parte usada para empurrar o carrinho, para evitar um agravamento do problema.
- Invista em sutiãs esportivos de boa qualidade, com o máximo possível de sustentação. Procure alças largas para eliminar dores no pescoço, ombros e região lombar superior. Garanta que suas mamas sejam igualmente sustentadas, sem recortes ou pontos de fricção.
- Pratique exercícios para fortalecer a região das costas. Segurar, amamentar e levantar seu bebê são atos que conspiram contra a boa postura. Seguir os programas de exercícios proporcionará excelentes resultados.
- Reforce sua musculatura de sustentação postural. Pratique ficar de pé e caminhar com graça, assim como sentar-se corretamente (ver p. 14-19). Manter a boa postura agora é fundamental. A postura incorreta lhe dará aparência de mais idade e mais peso.
- Beba no mínimo oito copos de água por dia, ou mais se estiver se exercitando. Hidratação adequada é essencial se você está amamentando. Álcool e cafeína em excesso desidratam e perturbam seus padrões de sono.
- Continue tomando cuidado ao deitar-se e sentar-se quando estiver de pé e ao levantar-se novamente.
- Se algo doer, PARE. Este é o modo do seu corpo dizer que há algo errado.

ORIENTAÇÕES PARA AS PRIMEIRAS SEIS SEMANAS APÓS O PARTO POR CESARIANA

- Consulte seu médico antes de iniciar qualquer programa de exercícios.

- Se o seu parto foi por cesariana, siga o programa de exercícios especial para cesariana (ver p. 115) para atender às suas necessidades individuais.

- É importante começar a exercitar os músculos do assoalho pélvico tão logo seja possível, desde que haja aprovação por parte do seu médico.

- O desgaste muscular deve ser evitado. Com a aprovação do seu médico, comece a caminhar tão logo seja possível, para ajudar na sua recuperação. Caminhar melhorará sua circulação, o que poderá acelerar o processo de cicatrização da área da incisão.

- Evite levantar muito peso e qualquer atividade extenuante durante pelo menos seis semanas após o parto.

- Evite fazer atividades físicas em excesso nos primeiros dias após sua cesariana. Avance em seu próprio ritmo individual e somente depois de uma consulta com seu médico.

- Suas articulações ainda estarão frouxas e, portanto, potencialmente instáveis. Mantenha seus movimentos lentos e controlados. Evite alongamentos excessivos.

- Evite exercitar-se logo após as refeições.

- Esvazie a bexiga antes de começar sua sessão de exercícios de Pilates – você se sentirá mais confortável e não precisará interromper seu programa.

- Amamente seu bebê antes dos exercícios, para evitar o desconforto das mamas pesadas ou vazando, ou evitar interrupções por um bebê faminto e irritado.

- Preste atenção na sua técnica e na maneira como executa cada exercício. Tenha em mente que a qualidade do movimento é mais benéfica que a quantidade.

- Se você teve síndrome do túnel do carpo durante a gravidez, isto ainda poderá incomodá-la. Use uma toalha enrolada sob os punhos ao executar exercícios que aplicam pressão nessa região. Quando sair com seu bebê, tente colocar suas mãos nas laterais da parte usada para empurrar o carrinho, para evitar um agravamento do problema.

- Invista em sutiãs esportivos de boa qualidade, com o máximo possível de sustentação. Procure alças largas para eliminar dores no pescoço, ombros e região lombar superior. Garanta que suas mamas sejam igualmente sustentadas, sem recortes ou pontos de fricção.

- Pratique exercícios para fortalecer a região das costas. Segurar, amamentar e levantar seu bebê são atos que conspiram contra a boa postura. Seguir os programas de exercícios proporcionará excelentes resultados.

- Reforce sua musculatura de sustentação postural. Desconforto na área da cicatriz pode fazer com que você se curve (veja "Cuidados com a postura", nas p. 14-19). A postura incorreta lhe dará aparência de mais idade e mais peso.

- Beba no mínimo oito copos de água por dia, ou mais se estiver se exercitando. Quando se está amamentando, é essencial uma hidratação adequada. Álcool e cafeína em excesso desidratam e perturbam seus padrões de sono.

- Se algo doer, PARE. Este é o modo do seu corpo dizer que há algo errado.

APÓS O PARTO 113

SESSÃO DE EXERCÍCIOS PARA O PERÍODO PÓS-NATAL

Seguindo as orientações essenciais dos exercícios para o período de seis semanas após o parto e escolhendo o programa apropriado para o tipo de parto que teve, você poderá voltar a exercitar-se com segurança e produtividade. Esses programas ajudarão você a reconquistar, e até melhorar, sua forma anterior à gestação. Os exercícios para o assoalho pélvico proporcionarão um excelente começo e são fáceis de executar em qualquer lugar. Você estará ansiosa para emagrecer e voltar à antiga forma, mas não espere que sua perda de peso siga um curso constante. Talvez você passe por um efeito sanfona diariamente, afetado por fatores como o que você acabou de comer, se está se exercitando, sua retenção hídrica ou desidratação. Pese-se uma vez por semana, pela manhã, antes de comer.

EXERCÍCIOS PARA FORTALECER OS MÚSCULOS DO ASSOALHO PÉLVICO

Comece seus exercícios para os músculos do assoalho pélvico 24 horas após o parto. Use cada momento em que utilizar água como um lembrete e pratique em conjuntos de cinco contrações. Isso não apenas reforça o que você praticou ao longo de toda a gravidez, mas também ajuda a fortalecer os músculos do assoalho pélvico quando isso é mais necessário (você não precisa mais praticar a Liberação em Diamante, já que este movimento visava prepará-la para o parto).

Diamante   página 32
Diamante – Grande Elevação   página 33
Diamante – Pulsar   página 33

EXERCÍCIOS SUAVES PARA O PERÍODO DE SEIS SEMANAS APÓS O PARTO VAGINAL

Técnica de Respiração	páginas 28-29
Diamante – Grande Elevação	página 33
Estabilizador Postural de Joelhos	página 35
Abertura de Joelho Flexionado e Deslizamento de Perna	página 37
Elevações e Abaixamentos dos Ombros	página 39
Onda da Coluna	página 77
Natação (apenas pernas)	página 56
O Gato	página 82
Portas de Celeiro (sem pesos)	página 54
Alongamento da Panturrilha na Posição Sentada	página 100

Quando se sentir confortável com sua sessão de exercícios, progrida, adicionando os seguintes exercícios à sua rotina:

Extensão dos Braços sobre a Cabeça	página 49
Deslizamentos na Parede: Primeira Posição de *Pliés*	página 50
Remo na Posição Sentada	página 72
Aperto de Bola	página 61
Extensão da Região Lombar Superior	página 85

EXERCÍCIOS SUAVES PARA O PERÍODO DE SEIS SEMANAS APÓS O PARTO POR CESARIANA

Consulte seu médico antes de iniciar estes exercícios.

Técnica de Respiração	página 28
Diamante – Grande Elevação	página 33
Deslizamento de Perna	página 37
Elevações e Abaixamentos dos Ombros	página 39
Inclinações Laterais de Cabeça	página 41
Rotações de Cabeça	página 41
Alongamento da Panturrilha na Posição Sentada	página 100
O Gato	página 82
Aperfeiçoador de Postura na Posição Sentada	página 104
Deslizamentos na Parede: Primeira Posição de *Pliés*	página 50

Acrescente os seguintes exercícios à sua sessão quando sentir-se menos cansada ou precisar de mais desafio:

Caminhada Estática na Lua	página 70
Braços de Moinho de Vento	página 94
Flexão de Joelhos e Calcanhar	página 95
Onda da Coluna	página 77
Extensão da Região Lombar Superior	página 85
Mobilizador de Ombros	página 74

SEIS SEMANAS APÓS O PARTO

Seis semanas após o nascimento do seu bebê, você deve estar se sentindo pronta para retomar seu programa normal de exercício, desde que tenha tido um parto vaginal sem complicações. Se você teve parto por cesariana, é essencial a liberação do seu médico para o reinício dos exercícios.

Seu corpo não está necessariamente no mesmo estado anterior à gravidez. Seus músculos retos do abdome talvez ainda não estejam fechados – lembre-se de que eles podem ter se separado para acomodar o crescimento do bebê. Enquanto o espaço, a diástase (ver p. 118), continuar com mais de dois dedos de largura, você não deve executar Flexão Abdominal (ver p. 123) ou Rotações de Tronco (ver p. 120). Confira realizando o auto-exame para a diástase dos músculos retos do abdome.

Muitas mulheres têm depressão pós-parto, em razão de todas as intensas mudanças hormonais que ocorrem durante a gravidez. As demandas constantes do bebê para ser amamentado, trocado e acarinhado com freqüência levam à fadiga e à falta de sono, o que pode levar à depressão. Talvez você ache difícil acreditar, mas exercitar-se pode ser sua salvação! Exercitar-se é uma forma natural de melhorar o humor, de modo que continuar exercitando-se após o parto é vital para seu bem-estar físico e psicológico. O enfoque tranqüilo e controlado do método Pilates ajudará você a se sentir mais calma, mais forte e no controle das atividades diárias.

Tenha em mente que agora você é mãe, de modo que tudo o que planejar fazer precisará estar em equilíbrio com as demandas que você já tem como pessoa.

ORIENTAÇÕES A PARTIR DE SEIS SEMANAS APÓS O PARTO

- Exercite-se de forma lenta e suave, e nunca se apresse. Use os processos de pensamento que você praticou ao longo de toda a gravidez para aumentar sua autopercepção.
- Amamente sempre seu bebê antes de se exercitar; de outro modo, suas mamas estarão pesadas e desconfortáveis e poderá ocorrer vazamento de leite. Assim, você também evitará um bebê agitado e faminto chorando enquanto você tenta exercitar-se em paz.
- Invista em sutiãs esportivos de boa qualidade, com o máximo possível de sustentação, para as suas sessões de exercício. Procure alças largas para eliminar dores no pescoço, ombros e região lombar superior. Garanta que suas mamas sejam sustentadas igualmente, sem recortes ou pontos de fricção. Observe que seu sutiã adequado para aleitamento não lhe dará o apoio necessário ao exercitar-se.
- Mantenha suas sessões breves para não se cansar demais, uma vez que isso pode afetar seu suprimento de leite.
- Lembre-se de que uma série de caminhadas curtas e tranqüilas tem o mesmo efeito positivo e cumulativo que uma sessão longa.
- Agora, você pode deitar-se de bruços; assim, também pode retomar confortavelmente exercícios como Natação (ver p. 56) e A Pipa (ver p. 60).
- Pratique seus exercícios para os músculos do assoalho pélvico diariamente, usando como lembrete o fato de utilizar água. Esse é um lembrete útil, porque, com todas as lavagens de mãos por causa do bebê, não haverá desculpa para não fazer seus exercícios diariamente.
- Reforce sua musculatura de sustentação postural. Pratique ficar de pé e caminhar com graça, assim como sentar-se corretamente (ver p. 16-19). A manutenção da boa postura é crucial agora, e a postura incorreta lhe dará aparência de mais idade e mais peso.
- Se você sentir que os músculos do seu assoalho pélvico estão mais fracos que antes, um bom exercício é colocar um dedo dentro da vagina e contraí-la para apertá-lo. Você também pode praticar esta atividade durante a relação sexual, que é um modo agradável de voltar à antiga forma dos músculos de suas partes íntimas.
- O hormônio relaxina ainda está presente em seu corpo e mantém seus músculos e articulações mais relaxados. Evite grande amplitude de movimento e não estire os músculos da parte posterior e medial das coxas, já que isso imporá pressão sobre a sínfise púbica (ver p. 12).
- Evite exercitar-se logo após as refeições.
- Esvazie a bexiga antes de começar sua sessão de exercícios de Pilates – você se sentirá mais confortável e não precisará interromper seu programa.
- Beba no mínimo oito copos de água por dia, ou mais se estiver se exercitando. Quando se está amamentando, uma hidratação adequada é essencial. Álcool e cafeína em excesso desidratam e perturbam seus padrões de sono.
- Estabeleça objetivos claros. Anote-os como metas mensais para seu objetivo máximo e registre suas atividades e seu progresso.
- Se o seu parto foi por cesariana, as sessões pós-parto (ver p. 118-125) especificarão os exercícios que não devem ser praticados.
- Se algo doer, PARE. Este é o modo do seu corpo dizer que há algo errado.

EXERCÍCIOS PARA VOLTAR À BOA FORMA FÍSICA

Agora você poderá planejar e executar mini-sessões (ver p. 124-125), visando ajudá-la a voltar à sua antiga forma, melhorar seu desempenho físico e postura e fazê-la sentir-se com todo o vigor. Antes de começar, aprenda os quatro exercícios novos e maravilhosos que serão incorporados nas mini-sessões. Os novos exercícios ajudarão a melhorar sua estabilidade da musculatura postural e adicionarão variedade às suas sessões.

Se você teve parto por cesariana e seu médico a liberou para exercitar-se, observe que os planos para mini-sessões contêm alguns exercícios que você não deve executar; esses estão claramente marcados como inadequados para você.

Se você ainda tem diástase dos músculos retos do abdome, não execute Rotações de Tronco (ver p. 120) ou Flexão Abdominal (ver p. 123). Contudo, você pode executar o exercício de Flexão Abdominal com Apoio (ver p. 122).

Além das mini-sessões, você deve executar exercícios cardiovasculares, idealmente cinco vezes por semana. Tente executá-los 30 minutos por dia, em uma sessão, ou em duas sessões de 15 minutos, ou até mesmo em três sessões de 10 minutos, todos os dias. Exercícios que exigem movimentos de grandes grupos musculares, como os das pernas ou braços, fortalecem seu coração e pulmões.

Caminhar é um exercício seguro para todos os níveis de desempenho físico e você pode aumentar o desafio, fazendo exercícios do método Cooper e incluindo variações. Praticar natação é excelente, pois você não sobrecarrega as articulações e pode levar seu bebê para nadar junto. Até mesmo tarefas domésticas, como lavar pisos e limpar janelas, têm um aspecto positivo, já que também ajudam a eliminar aqueles quilos adicionais que você ganhou durante a gravidez.

DIÁSTASE DOS MÚSCULOS RETOS DO ABDOME: O AUTO-EXAME

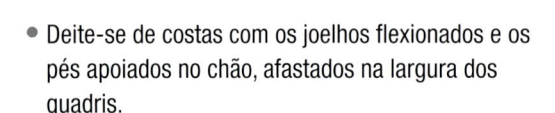

- Deite-se de costas com os joelhos flexionados e os pés apoiados no chão, afastados na largura dos quadris.
- Coloque um ou dois travesseiros sob a cabeça para garantir que ela e seus ombros estejam mais altos que o abdome.
- Pouse as pontas dos dedos de uma das mãos sobre seu abdome, exatamente acima do umbigo.
- Levante lentamente sua cabeça e ombros do travesseiro.
- Pressione seus dedos com firmeza no abdome. Se você sentir um espaço maior que a largura de dois dedos (ou maior que 2 cm) entre as duas faixas verticais de músculos, então há uma separação.
- Consulte seu médico se estiver insegura ou em dúvida.

PONTE

Este exercício fantástico de fortalecimento exercita os músculos glúteos e melhora a força da musculatura de sustentação postural. Durante a gravidez, você carregou o peso do seu bebê na frente do corpo, e isso impôs uma sobrecarga adicional aos músculos glúteos. A Ponte fortalece seus músculos glúteos e isquiotibiais, alongando suavemente os músculos anteriores das coxas. Use uma bola macia para este exercício.

Repetições: 5–10

DICAS

- Evite curvar sua coluna e limite o levantamento das costas à altura das escápulas.
- Crie uma linha diagonal dos ombros aos joelhos, como uma ponte.
- Mantenha seu peso distribuído de modo uniforme sobre os dois pés enquanto levanta a pelve.

1 Deite-se de costas, com os joelhos flexionados e a bola entre eles. Apóie os pés no chão, afastados na largura dos quadris. Posicione os braços nas laterais do corpo, com as palmas das mãos voltadas para baixo. Mantenha a coluna em posição neutra. Inspire, inflando as laterais e a parte de trás da caixa torácica.

2 Expire, contraindo os músculos abdominais, e mantenha esta contração ao longo de todo o exercício. Pressione os joelhos contra a bola e contraia os músculos glúteos enquanto os levanta do chão. Inspire no final do movimento, depois expire enquanto volta à posição inicial. Repita.

ROTAÇÕES DE TRONCO

Se você tem diástase dos músculos retos do abdome (um espaço de 2 cm ou mais nos músculos abdominais, ver p. 118) ou teve parto por cesariana, não execute as Rotações de Tronco. Este exercício trabalha os músculos da cintura. Com ênfase na estabilidade, ele a ensinará a girar a coluna com segurança, enquanto se alonga. Manter uma toalha enrolada entre os joelhos ajuda a manter o alinhamento dos quadris e joelhos, enquanto ativa suavemente a parte interna das coxas. Para maior conforto, coloque um pequeno travesseiro sob sua cabeça.

DICAS

- Mantenha os pés bem próximos um do outro durante este exercício.
- Role os joelhos para o lado apenas até onde seja confortável.

Repetições: 5–10

1 Deite-se de costas, com os joelhos flexionados e uma toalha enrolada entre eles. Posicione seus pés juntos e apoiados no tapete. Posicione seus braços nas laterais do corpo, ligeiramente mais baixos que os ombros, com as palmas das mãos voltadas para cima. Inspire, inflando as laterais e a parte de trás da caixa torácica.

2 Expire, contraindo os músculos abdominais, e mantenha esta contração ao longo de todo o exercício. Apertando a toalha, role lentamente os joelhos para a direita, virando a cabeça para a esquerda e voltando sua palma da mão esquerda para baixo. Não deixe seu ombro esquerdo erguer-se do chão. Inspire e, enquanto expira, traga seus joelhos de volta à posição inicial. Vire a cabeça novamente para o centro e volte sua palma da mão novamente para cima. Repita no lado oposto.

A ESFINGE

Muitas mulheres se queixam de dor na região lombar inferior nos meses seguintes ao nascimento de seus bebês. Este enfraquecimento na região lombar inferior pode ser exacerbado pelas ações de levantar e segurar o bebê, e continua com o hábito de sempre carregar o bebê sobre os quadris. Este exercício simples, mas muito eficaz, fortalecerá os músculos da sua região lombar inferior, seus músculos abdominais e do assoalho pélvico. Execute este movimento lentamente e nunca o force, indo apenas até onde lhe pareça confortável.

DICAS

- Enquanto levanta a cabeça, mantenha sua linha de visão voltada para a borda do tapete de exercício, na sua frente.
- Mantenha as costelas inferiores em contato com o tapete.
- Concentre-se em manter os músculos glúteos e os abdominais contraídos, para ajudar no apoio à região lombar inferior.

Repetições: 5–10

1 Deite-se de bruços com a testa repousando no tapete e os pés levemente separados. Se desejar, coloque uma almofada plana sob sua testa para maior conforto. Posicione as mãos nos lados da cabeça, com os braços flexionados e as palmas das mãos voltadas para baixo. Inspire, inflando as laterais e a parte de trás da caixa torácica.

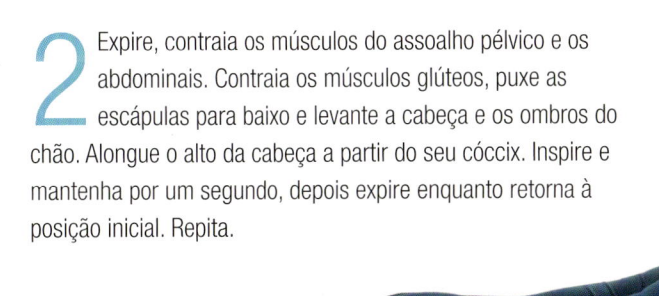

2 Expire, contraia os músculos do assoalho pélvico e os abdominais. Contraia os músculos glúteos, puxe as escápulas para baixo e levante a cabeça e os ombros do chão. Alongue o alto da cabeça a partir do seu cóccix. Inspire e mantenha por um segundo, depois expire enquanto retorna à posição inicial. Repita.

FLEXÃO ABDOMINAL COM APOIO

Execute este exercício apenas com liberação do seu médico, após sua consulta de retorno pós-natal em seis semanas. Se você tem diástase dos músculos retos do abdome (um espaço de 2 cm ou mais nos músculos abdominais, ver p. 118), esta versão do exercício Flexão Abdominal lhe será útil. O exercício não é apropriado se você teve parto por cesariana. A Flexão Abdominal com Apoio é uma introdução aos exercícios de flexões abdominais, conhecidos como *curl-ups*. Executar este exercício lentamente ajuda a fechar o espaço entre seus músculos abdominais. Você precisará de uma toalha.

DICAS

- Não levante os ombros, já que isso pode causar uma separação ainda maior dos músculos.
- Execute o exercício muito lentamente e com controle.
- Enquanto levanta a cabeça, mantenha a linha de visão em um curso natural, do teto aos joelhos.
- Se algo lhe parecer desconfortável, PARE.

Repetições: 5–10

1 Deite-se de costas, com os joelhos flexionados e os pés apoiados no chão, afastados na largura dos quadris. Coloque uma toalha dobrada sob suas costas, no nível da cintura, cruzando-a até a frente do seu abdome. Segure com firmeza cada ponta da toalha, com as palmas das mãos voltadas para baixo. Inspire, alongando a parte de trás do pescoço.

2 Expire, contraindo lentamente o abdome. Ao mesmo tempo, puxe suavemente a toalha para baixo, para que aperte seu abdome. Levante lentamente a cabeça, procurando manter os ombros no tapete. Puxe a toalha com firmeza em seu abdome como um corpete, a fim de apoiar seus músculos abdominais. Inspire enquanto baixa lentamente até a posição inicial. Repita.

FLEXÃO ABDOMINAL

Execute este exercício apenas depois de sua consulta de retorno pós-natal em seis semanas. Este exercício não é apropriado se você tem diástase dos músculos retos do abdome (um espaço de 2 cm ou mais nos músculos abdominais, ver p. 118) ou teve parto por cesariana. Este exercício popular fortalece os abdominais sem permitir que os músculos se projetem e sejam forçados de forma excessiva. As técnicas dos exercícios para os músculos estabilizadores posturais, praticadas durante a sua gravidez, agora garantirão que você vise e use os músculos corretos para adquirir um abdome plano e fortalecido.

Repetições: 5–10

DICAS

- Mantenha sua coluna na posição neutra ao longo de todo o exercício e evite encaixar sua pelve e contrair os músculos glúteos.
- Não flexione a cabeça alto demais, para não sobrecarregar os músculos abdominais.
- Ao inspirar, sua linha de visão deverá voltar-se para a frente no teto, baixando para seus joelhos.
- Mantenha um espaço do tamanho de uma laranja entre seu queixo e o tórax.

1 Deite-se de costas, com os pés apoiados no chão e afastados na largura dos quadris. Coloque uma bola macia entre os joelhos. Posicione as mãos atrás da cabeça sem unir os dedos e mantenha os cotovelos abertos.

2 Inspire e alongue a parte posterior do pescoço. Expire, levante o assoalho pélvico e contraia os músculos abdominais. Simultaneamente estabilize as escápulas e, mantendo o alongamento do pescoço, flexione a cabeça e os ombros afastando-os do tapete. Agora, inspire mantendo os músculos abdominais contraídos. Expire enquanto abaixa a parte superior do seu corpo de volta para o tapete. Repita.

MINI-SESSÕES

Estas mini-sessões de dez minutos são ideais para mamães ocupadas, com pouco tempo livre. Estas quatro sessões cobrirão todas as suas necessidades de desempenho físico, e você encontrará uma freqüência recomendada em cada sessão. Contudo, se sentir necessidade, nada a impedirá de executar duas dessas sessões em um dia, executando uma pela manhã e outra à tarde. Mas não exagere! Sempre realize os exercícios de aquecimento antes de iniciar uma sessão de exercícios.

VISÃO GERAL DO AQUECIMENTO

Os exercícios de aquecimento foram extraídos da seção Fundamentos do Pilates (ver p. 25-41). Execute-os na ordem indicada abaixo:

Respiração com Flexão do Pescoço e Inclinação da Cabeça para Baixo página 29

Estabilizador Postural de Joelhos página 35

Abertura de Joelho Flexionado e Deslizamento de Perna página 37

Elevações e Abaixamentos dos Ombros página 39

Círculos com os Braços página 39

Inclinações Laterais de Cabeça página 41

Agora você está aquecida e pronta para começar qualquer das mini-sessões apresentadas a seguir. Estude o plano de sua preferência e aprenda os exercícios.

APÓS O PARTO 125

EXERCÍCIOS ADICIONAIS PARA A POSTURA

Executar três vezes por semana:

Remo na Posição Sentada	página 72
Expansor Torácico	página 81
Ponte	página 119
Estabilizador Postural de Joelhos & Estabilizador Postural com Bola	página 35
Flexão Abdominal* ou Flexão Abdominal com Apoio**	páginas 122/123
Rotações de Tronco*	página 120
A Esfinge	página 121
Relaxamento dos Músculos da Coluna e das Pernas	página 63

FORTALECIMENTO PARA A PARTE SUPERIOR DO CORPO

Executar duas vezes por semana:

Pressionamento de Parede	página 48
Remo na Posição Sentada	página 72
Relaxamento dos Músculos da Coluna e das Pernas	página 63
Extensão dos Braços sobre a Cabeça	página 49
Portas de Celeiro	página 54
Rosca 2	página 99
Fortalecimento do Tríceps	página 53
Mobilizador de Ombros	página 74

CUIDADOS COM A REGIÃO LOMBAR INFERIOR

Executar três vezes por semana:

Onda da Coluna	página 77
Estabilizador Postural de Joelhos & Estabilizador Postural com Bola	página 35
Flexão Abdominal * ou Flexão Abdominal com Apoio**	páginas 122/123
Ponte	página 119
A Esfinge	página 121
O Gato	página 82
Natação (apenas pernas)	página 56
Relaxamento dos Músculos da Coluna e das Pernas	página 63

FORTALECIMENTO PARA A PARTE INFERIOR DO CORPO

Executar duas vezes por semana:

Flexão de Joelhos e Calcanhar	página 95
Ponte	página 119
Aperto de Bola	página 61
Relógio com as Pernas	página 84
Supermulher (apenas pernas)	página 78
Relaxamento dos Músculos da Coluna e das Pernas	página 63
Agachamento na Parede	página 102
Alongamento da Panturrilha	página 76

* não apropriados se você tem diástase dos músculos retos do abdome ou teve parto por cesariana
** não apropriado se você teve parto por cesariana

ÍNDICE REMISSIVO

A

abdominais, exercícios 47, 58–9, 69, 93, 116, 118, 123, 125
agachamento 75, 102
alimento 11, 23, 44
alongamento do pescoço 40–1
amamentação 110, 111, 112, 117
aquecimento, exercícios 28–30, 32–41, 46, 68, 90, 124
articulações 10, 44, 66, 88, 111, 112
assoalho pélvico 13, 28, 31
assoalho pélvico, exercícios
   após o parto 110, 111, 112, 114, 115, 117, 125
   estágio final da gravidez 89, 91, 93, 96
   estágio inicial da gravidez 44, 47, 58–9, 61
   estágio intermediário da gravidez 67, 69, 77
atividades de alto risco 23
aumento no tamanho das mamas 11–12, 14, 38, 44, 110
autopercepção 8, 11, 15, 26, 46, 117

B

bailarinas 15
bebê, peso do 38, 67, 82, 84
bebê, primeiros movimentos 66
bexiga 44, 67, 89, 96, 111, 112, 117
blocos de ioga 22
bolas, de esponja e macias 22
braços, exercícios 39
   após o parto 115, 124, 125
   estágio final da gravidez 90, 91, 93, 94, 99, 101, 106
   estágio inicial da gravidez 44, 46, 47, 48, 52, 53
   estágio intermediário da gravidez 68, 69, 72–3, 80

C

cabeça, exercícios 40, 41, 46, 68, 90, 115, 124
cabeça, posicionamento 26, 27
cadeiras 17, 22
caminhar 17, 44, 111, 112, 118
carregar 18, 52, 72
circulação 8, 11, 70, 89, 95, 112
colostro 44, 88
coluna, curva natural 14, 40
coluna, exercícios 36–7
   após o parto 115, 124, 125
   estágio final da gravidez 90, 91, 93, 107
   estágio inicial da gravidez 46, 47, 50, 55, 63
   estágio intermediário da gravidez 68, 69
   ver também costas, exercícios
concentração 26, 46, 88, 90
conscientização corporal *ver* autopercepção
consumo de água 11, 111, 112, 117
consumo de líquidos 11, 67, 111, 112, 117
contrações, ensaio 88, 89
controle muscular postural 10
costas, exercícios
   após o parto 107, 111, 112, 115, 117, 121, 125
   estágio final da gravidez 91, 93, 97, 104, 105
   ver também coluna, exercícios
   estágio inicial da gravidez 44, 47, 54, 56-7, 60, 63
   estágio intermediário da gravidez 67, 69, 70, 72-3, 74, 75, 77, 78–9, 81, 82–3, 85

D

depressão pós-parto 116
dieta balanceada 11, 23, 44

E

endorfinas 10
enjôos 11, 44
equilíbrio 67, 70
equipamento 17, 22
escolha de exercícios 22
estabilidade/estabilização da musculatura postural 13, 26, 27, 34–5, 120
estabilizador postural 34
   com bola 35, 125
   de joelhos 35, 46, 68, 83, 90, 115, 124, 125
   deitada de lado 58, 91, 93, 97
   técnicas 123
estágio inicial da gravidez (primeiro ao terceiro mês) 11, 42–63
   aquecimento 46
   mudanças em seu corpo 44
   orientações 44
   sessão de exercícios 46–63
      a concha 47, 58–9, 69, 93
      a pipa 44, 47, 60, 67, 117
      aperto de bola 47, 61, 69, 115, 125
      deslizamentos na parede: primeira posição de *pliés* 47, 50, 69, 115
      deslizamentos na parede: segunda posição de *pliés* 51
      extensão dos braços sobre a cabeça 47, 49, 69, 93, 115, 125
      fortalecimento do tríceps 47, 53, 69, 93, 125
      joelhos flexionados 47, 55, 69
      mobilizador do tornozelo, na posição sentada 47, 62, 69, 89
      natação 47, 56–7, 67, 115, 117, 125
      portas de celeiro 44, 47, 54, 69, 115, 125
      pressionamento de parede 44, 47, 48, 69, 125
      relaxamento dos músculos da coluna e das pernas 47, 63, 69, 93, 125
      rosca 47, 52, 69
      visão geral da seqüência 47
estágio intermediário da gestação (quarto ao sexto mês) 11, 64–85
   aquecimento 68
   mudanças em seu corpo 66
   orientações 67
   sessão de exercícios 68–85
      agachamento do esquiador 69, 75, 93
      alongamento da panturrilha, 66, 69, 76, 89, 93, 125
      alternativa 69
      caminhada estática na lua 66, 69, 70, 89, 93, 115
      expansor torácico, 69, 81, 125
      extensão da região lombar superior, 69, 85, 93, 115
      mobilizador de ombros 69, 74, 93, 115, 125
      o gato 69, 82–3, 93, 115, 125
      o gênio 69, 71, 93
      oito com os braços, 69, 80
      onda da coluna 69, 77, 93, 115, 125
      relógio com as pernas 69, 84, 93, 125
      remo na posição sentada 69, 72–3, 93, 115, 125
      supermulher 69, 78–9, 93, 125
      visão geral da seqüência 69
estágio final da gravidez (sétimo ao nono mês) 11, 86–107
   aquecimento 90
   mudanças em seu corpo 88
   orientações 89
   sessão de exercícios 90–107
      agachamento na parede, 89, 91, 93, 102, 125
      alongamento da panturrilha na posição sentada 91, 100, 115
      alternativa 92–3
      aperfeiçoador de postura em pé, 105
      aperfeiçoador de postura na posição sentada 91, 93, 104, 115
      braços de moinho de vento 91, 94, 115
      elevação lateral dos braços 91, 101
      estabilizador postural de lado 91, 93, 97
      extensão do tríceps deitada de lado 91, 93, 106
      flexão de joelhos e calcanhar 89, 91, 95, 115, 125
      liberação em diamante 89, 91, 93, 96
      mobilizador da mão 89, 91, 93, 103
      puxando o arco 91, 98
      relaxamento da coluna, 91, 107
      rosca 2 91, 99, 125
estresse 10
estrogênio 10
exercício, quando e onde praticar 22–3
exercício cardiovascular 23, 118
exercícios de fortalecimento 125
extensores e flexores do pescoço 40

F

faixas para exercícios 22
fibras musculares, tipos de 31
flexores dos quadris 36
forma física, readquirir 8, 92, 114

ÍNDICE REMISSIVO

G
ganho de peso 66, 88
gravidez, os três estágios da 11

H
halteres 22
hemorróidas 11
hormônios 10, 11, 44, 88, 117

I
inchaço (edema) 11, 62, 89, 100, 103

L
levantamento 18, 52, 72, 101, 112
ligamentos 10, 44, 66

M
mamas, mudanças nas, 44, 88
método Pilates, origem 20
método Pilates, princípios 20, 26–7
mudança no centro da gravidade 14, 27
mudanças corporais 10–13, 44, 66, 88, 110
músculos
   abdominais 8, 27, 28, 29, 67
   assoalho pélvico 13
   centro de força 27
   de sustentação do tronco e da coluna vertebral 12
   do abdome 67
   lombares 28
   peitorais 48, 81
   posturais 8
   pubococcígeo 13
   retos do abdome 12, 66, 67, 116
   transverso do abdome 12, 27, 34, 55
músculos glúteos, exercícios
   após o parto 115, 117, 119, 125
   estágio final da gravidez 93
   estágio inicial da gravidez 47, 50, 51, 56–7, 58–9, 61
   estágio intermediário da gravidez 69, 75, 84

N
natação 118
náusea 11, 44
nutrição 11, 23, 44

O
objetivos 117
ombro, estabilidade/estabilização 26, 27, 38-9
   isolamento da escápula 38
ombros, exercícios 39
   após o parto 115, 119, 124, 125
   estágio final da gravidez 90, 91, 93, 101

   estágio inicial da gravidez 44, 46, 47, 54
   estágio intermediário da gravidez 68, 69, 74, 80, 81
orientações para o treinamento 22–3

P
parto, após o 108–25
   exercícios suaves para seis semanas após 115
   mudanças em seu corpo 110
   orientações 111–12
   recuperação 8, 111, 112
   sessões de exercícios 114–15
parto, seis semanas ou mais após 116–25
   exercícios para voltar à boa forma física 118–25
      a esfinge 121, 125
      flexão abdominal 116, 118, 123, 125
      flexão abdominal com apoio 118, 122, 125
      ponte 119, 125
      rotações de tronco 116, 118, 120, 125
   orientações 117
   mini-sessões 118, 124-5
parto por cesariana 110, 112, 115, 116, 117, 118, 120, 122, 123, 125
pelve, estabilidade da 36
pélvicos, exercícios 32–3, 69, 75
   diamante 32, 34, 35, 114
   diamante – grande elevação, 33, 96, 114, 115
   diamante – pulsar 32, 33, 114
perda de peso após o parto 114
pernas, exercícios 37
   após o parto 115, 117, 124, 125
   estágio final da gravidez 89, 90, 91, 93, 95, 100
   estágio inicial da gravidez 46, 47, 50, 51, 56–7, 58–9, 61, 62
   estágio intermediário da gravidez 66, 67, 68, 69, 70, 75, 76, 84
pescoço, exercícios 44, 47, 60, 67, 117
Pilates, Joseph 20, 26
posição da coluna 36–7
posicionamento do pescoço 26, 27
posicionamento pélvico 27
postura 14–19
   após o parto 111, 112, 115, 117, 125
   autopercepção 11, 15
   caminhar 17, 44
   carregar, 18, 52
   curvar-se 18
   de pé 16
   deitar-se após estar de pé 19
   estabilidade da musculatura postural 27
   estágio final da gravidez 88, 89, 91, 93, 94, 104–5
   estágio intermediário da gravidez 66, 69, 72, 74, 81
   levantamento 18, 52
   levantar-se depois de estar deitada 19
   levantar-se depois de estar sentada 18
   sentar-se 17

   sentar-se ereta depois de estar deitada 18
prática segura e segurança geral 20–1, 23
pressão arterial 44
progesterona 10
programa pós-natal *ver* parto, após o; parto, seis semanas ou mais após
prolapso 31

R
relaxamento 8, 10, 26, 30
relaxina 10, 11, 117
respiração 8, 26
   com inclinação da cabeça para baixo 29, 46, 68, 90, 124
   técnica 10, 28–9, 88, 115
retenção hídrica (edema) 11, 66, 89, 100, 103
roupas 22 *ver também* sutiã

S
separação dos músculos abdominais (diástase dos músculos retos do abdome) 12, 116, 118, 120, 122, 123, 125
   auto-exame 118
síndrome do túnel do carpo 83, 111, 112
sínfise púbica 12, 117
sistema digestório 11
sutiã 12, 22, 111, 112, 117

T
tapetes para exercícios 22
tarefas diárias 118
tensão 81, 89, 91, 93, 103
toalhas, dobradas e enroladas 17, 22
tórax, exercícios 44, 47, 48, 69, 74, 93, 115, 125
trabalho de parto, recuperação do 8
tratamento do tecido cicatricial 111
travesseiros 22
tríceps 47, 48, 53, 69, 93, 125

U
útero 44, 88, 110

V
veias varicosas 11
visualização 26, 77, 82
volume sangüíneo, aumento do 10
vômito 11, 44

AGRADECIMENTOS

AGRADECIMENTOS DA AUTORA

Sou muito grata a Michael Harrison por sua ajuda e incentivo para que eu escrevesse este livro. Deixo minha estima às minhas clientes, que continuam me inspirando com seu entusiasmo por meus métodos de ensino e pelos resultados que conquistam. Transmito também meus agradecimentos à equipe da Hamlyn, por sua agradável orientação e auxílio, e a Mike Prior por suas excelentes fotografias. Faço uma menção especial à minha família, por sua paciência e apoio constantes.

AGRADECIMENTOS DO EDITOR

Editora executiva Jane McIntosh
Editora Charlotte Macey
Editora executiva de arte Karen Sawyer
Designer Janis Utton
Ilustrador Trevor Bounford
Fotógrafo Mike Prior
Gerente de produção Ian Paton
Pesquisadora de imagens Sophie Delpech

Agradecemos à Agoy pelo empréstimo dos tapetes de ioga para as fotografias
www.agoy.com

Fotografia especial
©Octopus Publishing Group Limited/Mike Prior.

Outras fotografias
DigitalVision 66, 110, 116. Octopus Publishing Group Limited/Adrian Pope 113; /Russell Sadur 45. PhotoDisc 9, 88.